ジェノグラムを活用した
相談面接入門
家族の歴史と物語を対話で紡ぐ

早樫一男 編著
千葉晃央　寺本紀子 著

中央法規

はじめに

　冒頭から突然ですが、私は水谷豊主演の刑事ドラマがとても好きです。何度も繰り返される再放送を録画し、繰り返し観ることが趣味になっています。作り物だとわかっていても、なぜか惹きつけられるものがあるので、何度観ても飽きないのです。

　「なぜ、繰り返し観てしまうのか？」と問われて、「対人援助に重なる何かを感じているからです」と答えたら、笑われるかもしれませんね。

　水谷豊が演じる主人公の鋭い集中力と観察力。現場の観察や体験から導かれる結果と関係者（容疑者？）の説明との差異に気づく発見力。相手の言葉を聴き流すのではなく、「〜というと〜」という言葉（セリフ）をつなぐことによって、さらに明確化や具体化を求める鋭い質問力。さらに、重箱の隅をつつくような主人公のこだわりも、対人援助職や相談援助職にはなくてはならない重要な力かもしれません。

　そして、これらの力を発揮して集約した情報から、想像力を発揮して、相手の物語を丹念にたどっていく姿勢こそが、対人援助職に求められているものと共通しているのではないかと感じているのです。

　ところで、家族理解（アセスメント）や家族支援については、児童・障がい・高齢などの分野を問わず、その重要性が強調されています。近年、各種の相談現場では「包括」という概念が重視されるようになりました。高齢者分野における「地域包括ケアシステム」、子育て分野における「子育て世代包括支援」「市区町村子ども家庭総合支援拠点」などです。また、精神障がいにも対応した地域包括ケアシステムの構築も推進されています。「包括」のキーワードとしては、相談窓口のワンストップ化や各ステージを通じた支援、地域のネットワーク構築などがあります。

　厚生労働省の有識者会議はひきこもりや貧困、介護といった家庭の問

題について、市区町村の縦割りの対応を見直し、一括して相談に応じる体制の整備に向けた最終報告を2019年11月にまとめています。それを踏まえ、社会福祉法が2020年に改正されました。

　相談を寄せた人や家族の抱える問題は生活状況や年齢に応じて変化する中、複雑化・複合化した支援ニーズに対応する包括的支援体制について、全国的に整備される方向が示されています。

　一方、「8050問題」の言葉に象徴されるひきこもりの長期化、高齢化から引き起こされる課題が社会問題化しています。相談援助現場では、高齢者のケアといった主訴（入口）から家族全体の課題として関わるようになったという話を聞くことが少なくありません。主として、50代前後のひきこもりの子どもを80代前後の親が養っている状態ですが、経済難からくる生活の困窮やひきこもり当事者とその家族の社会的孤立、また、高齢者の病気や介護問題などが重層化・複雑化し、親子が共倒れになるリスクや家族が崩壊する心配も指摘されています。

　このような社会情勢を背景に、家族及び家族が抱える課題の変化を受け止める包括的な相談窓口において、今後ますます家族の歴史（縦軸）と暮らし（横軸）といった家族全体の理解が必要となります。

　いずれも、地域支援がベースになりますが、どのような分野であっても、相談が基本であるとするならば、担当者は利用者からの相談に対して、面接を展開できる面接力と家族全体の把握力やアセスメント力が不可欠になるといってよいでしょう。

　本書で取り上げるのは、面接を深めるツールとしてのジェノグラムであり、ジェノグラムを利用した面接の展開です。もちろん、作成と面接プロセスは家族理解につながっていることはいうまでもありません。

　今回、サブタイトルを「家族の歴史と物語を対話で紡ぐ」としたのは、ジェノグラムは家族が出会った出来事（事実）と家族メンバーのその時

の思いや気持ちなどを丁寧に聴き取ることができるものであり、時には家族に新しい発見をもたらしてくれるものであり、さらにまた、家族と援助者との架け橋になる貴重なツールであるという思いからです。

　前著『対人援助職のためのジェノグラム入門』の発展として、これまでの蓄積をまとめてみたいとチャレンジすることにしました。なお、カバーのジェノグラムは執筆者3人の12歳の頃のものです。「ジェノグラムから思いを巡らせてみる」ことを楽しみながら、本書に目を通していただければ幸いです。

　最後に、事例についてはプライバシー保護の観点から再構成しており、すべて仮名であることをお断りしておきます。

2021年初夏　　早樫一男

目次

第1章
家族の歴史と物語を対話で紡ぐために

第1節 相談面接における
ジェノグラム

① 家族全体を把握する必要性

■ 3つのステージ

　例えば、インテーク面接（最初の出会い）において、相談援助の対象者から「私は独りぼっちです」「家族とは無縁です」との言葉が語られた後、どのように面接を展開するでしょうか？

　対象者に合わせて、本人中心の話題を展開することもあれば、家族がいない（存在していない）という訳ではないので、家族の存在にも留意し、家族のことを話題にするきっかけを探しながら、面接を展開する場合もあるでしょう。

　家族へのアプローチについては、次の3つのステージがあります。

家族に積極的な関心を持つ

　第1のステージは本人の背景に存在する家族に対する積極的な興味と関心を持つことです。まずは、相手が個人であっても、家族への積極的な関心を持つという援助者としての「発想の癖」を身に付けてもらいたいと願っています。もちろん、「家族はどうなっているの？」と発想する「癖」は、初心者だけでなく、経験者にも意識してもらいたい点です。

　そのための日頃のトレーニングとしては、報道などで話題になる本人やその家族の限られた情報から、「どのような家族背景があるのだろうか？」「どのような家族の物語があるのだろうか？」「もし、ケースとして出会うなら、まずはどのような情報を手に入れたいだろうか？」等、

家族全体に対する積極的な関心を持つことです。家族を理解しようとする積極的な関心があれば疑問が生まれてくるはずです。さらに、疑問は質問に置き換わるのです。

また、最も身近なトレーニングとしては、援助者自身の家族を丁寧に振り返ってみるということも大切になるでしょう。

家族への理解を深めようとする

第2のステージは家族への理解を深めようとすることです。限られた情報からだけでも、対象となる家族に対して、あれこれと思いを巡らせてみるのです。この思いを巡らせてみるということこそが、家族の物語に近づく第一歩となるのです。その際には、できるだけ具体的な事柄にも関心を向けるようにしましょう。家族の日常や歴史を理解するキーワードとして、「パワー」「バウンダリー」「サブシステム」といった構造的家族療法の考え方が参考になることでしょう。

「パワー」とは、日常生活の中での決定や決定の仕方（プロセス）、権威やコントロール（統制・しつけ）、お金、暴力などに関することです。「バウンダリー」とは、世代間の境界や家族の内と外の境界などであり、やや抽象的かもしれませんが、世代間や家族の内と外の境界線が、"硬い""あいまい"などと考えます。「サブシステム」とは、家族の中のさらに小さなまとまりのことであり、世代間境界があれば、各世代間はまとまっているということにつながります。夫婦（両親）サブシステム・子ども（同胞）サブシステムが基本となります。なお、詳細については、団士郎氏による『対人援助職のための家族理解入門』（中央法規出版）をぜひ参照ください。

家族とのジョイニングができる

さらに、第3のステージは家族とのジョイニングができることです。ジョイニングは家族療法のキーワードの1つです。本人・家族に上手に

コンタクトがとれ、面接を通した対話を展開できることです。相談援助の現場では第3ステージが何よりも重要となりますが、最も難しいステージといってもよいかもしれません。

　なお、この3つのステージを「みる（見る）」という言葉に関連づけてイメージすると、第1ステージは注意深く観察するといった意味での「観る」、第2ステージはさまざまな情報を集約した上でアセスメントする（見立てる）といった意味での「診る」、そして、第3ステージは援助者との信頼関係を構築し、解決に向けて寄り添う、行動するといった意味での「看る」に近いかもしれません。
　個人の理解にはさまざまなアプローチがあります。その中でも、育った家族関係及び現在の家族関係といった家族全体を把握することによって、個人の理解がさらに深まるのです。そして、個人の「過去・現在」を理解するツールとしてのジェノグラムを相談面接場面で積極的に活用してもらいたいというのが私の願いです。

▎▌初回面接と家族

　相談種別を問わず、相談場面での出会いは、「困りごと」「解決したいこと」「悩み」など、「主訴」と呼ばれることから始まります。初回面接は特に主訴（問題）を中心とした話題が展開します。相談歴やこれまでの解決努力の確認の作業です。
　初回面接に限らず、その後の、相談面接も主訴（問題）が中心になります。しかし、このような話題にのみ焦点（スポット）を当ててしまうと、全体状況を見過ごしてしまうといったことに陥りがちとなります。演劇の舞台に例えると、終始、特定の誰かのみにスポットが当たり、舞台全体（背景）には一切光が当たらず、背景がまったく見えないというイメージです。

初回面接における主訴（問題）の確認はもちろん必要な作業ですが、併せて、家族理解につながる家族情報の把握も必要な作業です。基本的な家族情報（具体的には名前、年齢、仕事や健康状態など）はもちろんのこと、家族の歴史や日常生活などに関する情報です。

　これらの点に関する具体的な質問・確認内容については、この後、紹介する家族全体の理解（歴史と日常生活）の上で、有効なツールがジェノグラムです。

　相談面接場面で来談者と一緒にジェノグラムを作成するといった展開ができるようになると、援助者だけでなく、家族（当事者）も、解決に向かう上での何らかのヒントやこれまで見過ごしていた援助資源としての家族の力などに気が付くことがあります。

■ 主訴（問題）に焦点化した相談例

　相談に来所したのは３歳の長女のことで悩んでいる母親でした。主訴は長女が習い事を始めてから、母親が見えないと不安で泣くことが続いているので心配であるとのことでした。結局、習い事はやめてしまったとのことです。インテーク用紙に記載された家族情報は、「父37歳、母39歳、長女３歳」の三人家族でした。

　担当者は、発達・成育歴に続き、習い事に通うようになった経過、習い事での様子、結局、やめるようになった経緯などを中心に話を聞きました。もちろん、母親の不安な思いや期待等、心情を確かめることは忘れませんでした。

　習い事をやめた後、母親としては落ち着くかと思ったとのことですが、むしろ母親の姿が見えなくなると不安になり、パニックが激しくなったようです。母親なりに、いろいろと調べた結果、「何らかの障がい」の可能性を疑うことになり、身近な相談相手もいないので、思い切って相談しにきたそうです。

相談担当者は、長女の1日の生活の様子などを聞き取った後、「無理に離そうとしないこと」「安心できる機会をたくさん作ること」などを助言し、初回の面接を終えました。

コメント▶
　主訴（問題）や心配事を中心とした相談面接の展開と助言は往々にして見られることです。このようなパターンは少数派ではないと思います。
　しかし、母親（相談に来た人）の心配事や心情にのみ、相談担当者も足並みをそろえすぎてしまっているという落とし穴が散見されます。
　もちろん、相談に来た人に寄り添うことは重要なことですが、この事例でいえば、家族のことは年齢以外まったくわからないまま、面接を終えてしまいがちになるということに気付いたことでしょう。
　くどいようですがこのような相談は起こりやすいものです。家族のことを意識している人であれば、さまざまな問いかけが浮かんできたのではないでしょうか？

❷ 三世代以上の家族情報を「見える化」する ツールとしてのジェノグラム

▌ ジェノグラム活用のタイミング

　先ほどの家族の場合で考えてみましょう。ジェノグラムの作成と活用のタイミングは、少なくとも以下の3つが考えられます。

○パターンA

　家族について、母親の話に並行する形で、母親に見える形で、順次、登場人物を加えていく。

○パターンB

　母親が家族について語り終えた後、担当者が「今、お話しいただいたご家族について、図にするとこのようになるのですが、間違っていませんか？」と確認してみる。

○パターンC

　面接を終えた後、記録をまとめる作業の中で、ジェノグラムを作成し、次の面接で「前回お話いただいたご家族について、このように図にしてみたのですが、間違っていませんか？」と確認してみる。

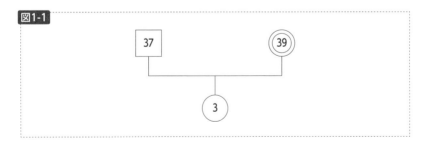

図1-1

　いずれにせよ、大切なことは、聴いた情報（話された情報）を相手にも見える形でオープンにするということであり、作成や活用を相談面接の初期から心掛けることです。ジェノグラムの提示によって、相談者と

担当者との間での情報確認や共有が始まり、さらに、相談面接場面で語られる追加情報をジェノグラムに加えていくことは、相談者と担当者との協働作業にもつながるものとなります。

　なお、追加情報を手に入れる上でも、「質問」が重要となりますが、その点については、本章第2節以降で紹介します。

　日常生活において、ジェノグラムを見る機会は多くはありません。ワイドショーや報道番組において、時々見かけるぐらいかもしれません。

　相談場面において、家族について語ることは主観的なプロセスですが、「見える化」されたジェノグラムの提示は、家族を客観的かつ冷静に理解することとなります。

　なお、ジェノグラムに情報を追加するといったことを想定すると、原本とコピーを用意しておき、毎回の面接には、コピーしたジェノグラムに追加情報を加えたりするなど、柔軟な使い方を工夫してもよいでしょう。

■ 家族の歴史と物語を対話で紡ぐ

家族の歴史から家族を見立てる

　家族の歴史を個人の人生に置き換えると、誕生、結婚、離婚、死亡などが浮かび上がるでしょう。その点にリンクするのが、年齢です。

　家族は複数メンバーが関係し合って暮らしていますので、ある時点で区切った際の家族の年齢や年齢差は大切な情報となります。例えば、先ほどの家族では、夫婦の年齢差、第一子（長女）出産時の夫婦の年齢などです。もちろん、結婚時の夫婦の年齢も確かめてみたいものです。

　これらの情報は家族の物語につながる情報であり、家族の特徴や課題についても、思いを巡らせることができる情報です。

家族の物語をたどる

　引き続き、先ほどの家族です。結婚した時期（年月日やお互いの年齢）が把握できたとしましょう。家族の歴史に関する基本的な情報を把握したということになります。結婚に至る物語（思い）は夫婦だからといって、完全に一致している訳ではありません。男性（夫）と女性（妻）、それぞれに、配偶者を決める上での物語や育った家族（原家族）の中での心の軌跡や家族のドラマなど、さまざまな事柄や心情が交錯しているものです。もちろん、長女の出産についても、同じようなことがいえるでしょう。日々、家族は心の軌跡やドラマなどの物語を積み重ねているといってもよいかもしれません。具体的なエピソードを丁寧に聴くようにしましょう。

歴史と物語を対話で紡ぐ：3つの側面

　相談場面において、ジェノグラムをツールとして用いて家族に向き合い、歴史と物語を聴くことには、次のような側面があります。

　まずは、主に個別面接の場での展開です。相談者の物語を担当者が丁寧にたどることが中心となるでしょう。「共感」や「寄り添う」と呼ばれるようなプロセスです。

　例えば、先ほどの家族では、母親との面接の中で、ジェノグラムを介在させながら、結婚や出産の時期（歴史）を振り返り、その時々の母親の物語（思い）を丁寧にたどっていくプロセスが相当します。

　次に、複数家族が参加した場での展開です。この場面では、特に担当者が重要な役割を担うことになります。多くの場合、家族メンバー個々の間に、各自の物語に対する理解のズレや乖離が認められることがあり、その修復が目標となります。複数メンバー（例：夫婦）が、お互いの物語を受け止め、理解し、共有できることに力点を置くような面接です。

　先ほどの家族の場合、母親の訴えの背景に夫婦間の課題があると感じたときは、担当者は両親面接を誘いかけて、例えば、長女に対するお互

いの物語（長女の誕生や現状についての思い）を語ってもらったり、長女に対する親としての関わりについて話題にすることができるでしょう。

　もう1つは、同じように複数家族が参加した場合、これからに向かっての物語作りに踏み出す面接とする場合です。問題解決に向かって、歩みだすきっかけ作りといってよいでしょう。

　先ほどの家族でいえば、両親面接を設定し、次子についての話題やこれからの家族イメージを話題にするというような展開です。

■ ジェノグラムカンファレンス： 事例検討やスーパービジョンでの利用

　ジェノグラムを中心に事例検討やスーパービジョン（ＳＶ）を行うという利用方法があります。提示されたジェノグラムを元に、家族の物語を考えてみるのです。

　担当者は家族が語る物語を知っているかもしれません。担当者故にその物語にとらわれすぎている可能性もあります。そのため、ケースが動かないという結果が生じているかもしれません。

　そもそも、事例検討やＳＶはケースの展開についての意見やアイデア、ヒントを手に入れるという目的があります。ジェノグラムカンファレンスはジェノグラムをツールとして、提出者と参加者との共同作業（ＳＶ）が行えるといった意味でも、ぜひ積極的に活用してみてください。

第2節 ジェノグラムを活用した質問の仕方

❶ 不思議センサーの発動（活性化）

　第1節において、《3つのステージ》を紹介しました。第1ステージとして、家族に積極的な関心を持つことが重要であるとしていますが、それは、次の図のような関係としてつながっているからです。家族に関心を持つ上でも大切になるのは、「不思議センサー」が発動されるかどうかです。

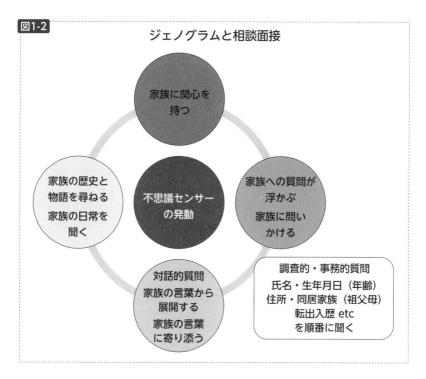

図1-2　ジェノグラムと相談面接

家族に関心を持つ

家族の歴史と物語を尋ねる　家族の日常を聞く

不思議センサーの発動

家族への質問が浮かぶ　家族に問いかける

対話的質問　家族の言葉から展開する　家族の言葉に寄り添う

調査的・事務的質問　氏名・生年月日（年齢）住所・同居家族（祖父母）転出入歴 etc　を順番に聞く

ちなみに、「不思議センサー」というのは私の造語です。限られた情報からさまざまに思いを巡らせることであり、想像力を発揮することにつながる感覚や感性といってもよいかもしれません。

　この不思議センサーには、次の2つの側面やレベルがあると考えています。

　1つは、ジェノグラムを見ながら、家族（夫婦・親子）関係の中で一般的に生じやすいさまざまな物語や感情について、思いを巡らせてみることです。例えば、「こんな場合は○○な思いが生じても不思議ではないなあ」「○○な気持ちや感情になることは普通だなあ（当たり前だなあ）」「○○な思いって、一般的だなあ（一般的に起こりうるなあ）」と思い浮かべてみるのです。家族に起こるであろう物語に対するこのような想像力は、「～ということはよくありますよね」「～ということが起こっても不思議ではないですがどうですか？」と聞くことによって、家族への理解や共感、ねぎらいにもつながるものとなります。

　もう1つの側面は、多数派の選択（レギュラー）か少数派の選択（イレギュラー）かについて思いを巡らせた上で、そのことから生まれやすいさまざまな物語や可能性についても、想像力を働かせることです。まずは、事実の確認とそれを踏まえた「なぜだろう？」「どうして？」「不思議だなあ？」という想像力が原点となります。

　情報が限られているから「あまり考えることができない」とか、漠然と「わからない」と受け止めるのではなく、限られた情報からでもさまざまな可能性の大小を考えてみることが不思議センサーの活性化につながるのです。対人援助に携わる者は、常に思いを巡らせてみること（不思議センサーの活性化）を心掛けなければならないと肝に銘じておきたいものです。

❷ レギュラーとイレギュラー

　「不思議センサー」の発動に関係するのが、「レギュラー」と「イレギュラー」に関する感覚です。

　我々の社会には、「普通」「平均」や「一般的」「常識的」といった多数派の選択が存在します。これは、「レギュラー」なものです。例えば、「結婚年齢」「初産時の親の年齢」「世帯当たりの子どもの数」「離婚率」といったもので、これらの多くは人口統計から導かれるものです。

　一方、「みんなが……」「多くの人が……」等の平均や一般的でない特徴が見られた場合は、少数派の選択ということになります。「イレギュラー」な対応です。少数派の選択の中には、その家族なりの「事情」や「訳」、あるいは、家族固有の特徴や理由、課題が大なり小なり含まれています。

　「事情」や「訳」は、「ストレス」や「負担」につながる場合が少なくありません。だからこそ、家族が抱えている「事情」や「訳」を理解することは、家族や家族メンバーの支援の第一歩となるのです。

　想像力が働き、「不思議センサー」が機能すると、自ずと疑問が湧いてくることでしょう。その際には、タイミングを外さず、家族の物語を聞いてみることです。

　例えば、夫婦の年齢差や子ども同士の年齢差が10歳以上離れていることに気付いたら、「お二人の年齢が離れていますが……」と質問をしてみましょう。その家族や家族メンバーが抱えている事情や物語の理解が深まることでしょう。

■ 普通感覚の準備

　まずは、「一般的・平均的」なカップルの年齢や年齢差を頭に入れて

おくことです。これらは、「よくあるよねえ」「不思議ではないなあ」という普通感覚のベースとなるものです。ただし、年代によって、平均値や普通感覚は変動しますので、留意しましょう。

なお、前著『対人援助職のためのジェノグラム入門』の15ページでは、夫婦の表記に関連し「コメント▶年齢情報の記載」を紹介しています。そもそも、年齢情報の記載は家族の歴史や物語をたどることにつながっています。

---

mini column 　**結婚に関するさまざまな統計** ─────

厚生労働省の人口動態統計によると、「平均初婚年齢」（2019年）は男性31.2歳、女性29.6歳となっています。ちなみに、1950年は男性25.9歳、女性23.0歳でした。夫婦の平均年齢差は1.7歳（2019年）となっています。1987年の2.7歳から年々年齢差が縮まる傾向がみられます。

1930〜1939年はお見合い結婚が69.0％、恋愛結婚は13.4％でしたが、両者の割合は徐々に変わり、2010〜2014年はお見合い結婚が5.3％、恋愛結婚が87.9％となっています。1965〜1969年が両者の割合が逆転した時期で、お見合い結婚が44.9％、恋愛結婚が48.7％です。

また、2010年のデータでは、できちゃった婚（授かり婚）の各世代の割合をみると、15〜19歳：81.7％、20〜24歳：58.3％、25〜29歳：19.6％、30〜34歳：10.9％、35歳〜：10.3％となっており、若い世代ほどできちゃった婚が多くなっています。

❸ 家族への関心を質問にシフトする

■ 担当者の家族と相談者の家族

　家族に積極的な関心を持つことは、家族に関する質問や疑問が自ずと浮かんでくるということです。時には、担当者自身の家族を思い起こして、質問してみることもできるでしょう。担当者が育った家族では普通のように感じていることが他の家族では異なっているということは多々ありますので、注意が必要です。

　例えば、食卓の風景を取り上げてみましょう。担当者の家族で経験した食卓の風景が他の家庭でも繰り返されていると考え「当たり前」「普通」と決めつけてしまうと、相談者に問いかけをしないまま、アセスメントをしてしまうということにもなりがちです。

　食卓の風景だけでなく、部屋の使い方、家族の呼びかけ方等、「相手の家族はどうなっているのか？」「家族のルールは？」等、家族に関する具体的なエピソードを丁寧に聞き取ることが相談面接でのスタートです。「家族はいろいろ」ということを肝に銘じておきたいものです。

　相談面接場面において重要なことは、質問紙を埋めるような調査的・事務的な質問を連発することではありません。このような質問は家族に関心があるのではなく、義務的に問いかけているだけなのです。

　相談者に関心があれば、相手の言葉を聞き逃さずに、大切に扱うという姿勢が生まれてきます。もちろん、自然な対話が展開されるでしょう。そこには、自然な問いかけも生まれてくることになります。

　次に紹介する事例①と②は質問の工夫への頭の体操として、チャレンジしてみてください。

　なお、第2章では、各分野における事例を紹介しながら、家族の歴史

と物語を紡ぐ質問の工夫や具体例を紹介していきます。

■ 事例① 家族情報から質問を考える

　それでは、次の事例（父21歳、母20歳、長男0歳）を題材にして、「不思議だなあ」に関する質問と「不思議ではないなあ」に関する質問を考えてみましょう。

　ちなみに、この年齢でのできちゃった婚は統計的には多数派となります。また、夫婦の年齢差及び恋愛結婚も多数派です。これらを念頭に置いて、質問を考えてみましょう。

　まずは、若年の結婚は少数派なので、「不思議だなあ」を念頭にスタートです。以下は、あくまでも例です。できるだけ、質問項目をあげてみましょう。
① 「お二人の出会いは？」「お仕事は？」「二人の住居はどこですか？」
② 「知り合われてから結婚まで、どれぐらいかかりましたか？」
③ 「結婚について、最初に相談や報告されたご家族は？」「その時の反応は？」
④ 「妊娠を伝えた時の相手の反応は？」
⑤ 「出産前後はどこで過ごされましたか？」

年齢が若いということについて、「なぜだろう？」という素朴な疑問が

図1-3
三人家族

太一　[21]　　　　　　　　　　（20）美乃利

[0] 亜香利

具体的な質問事項（①②）となりました。③④は「妊娠したことをきっかけに結婚を決めた可能性」について、意識した質問です。また、③は周囲の反応を確かめようとしています。周囲の協力の有無の確認についても意識しています。④は夫婦のコミュニケーションに近づこうという質問です。⑤は実家との関係といった周辺の資源の確認です。いずれも家族の物語へのアプローチです。

　次に「不思議ではないなあ」に関連する質問を考えてみましょう。
①「一緒に暮らし始めてお互いに戸惑うこともあったかと思いますが、どんなことがありましたか？」
②「二人だけの時期がもう少しあってもよかったと思われても不思議ではないと思うのですが、いかがですか？」
③「二人で生活を始められた頃、経済面は大変だったでしょう。どうされましたか？」
④「実家にご相談されることがよくあると思うのですが、実家の反応はどうでしたか？」
⑤「最初のお子さんの子育ては大変でしたか？　どうでした？」

　年齢的に若いカップルの誕生という点に焦点を当てて、いずれの問いかけも、「一般的に起こりうること」を尋ねながら、共感やねぎらいへとつなぐことを意識しています。一方で、生じがちな心情と思われることについて尋ねています。そうでない場合には、何らかの事情や訳が存在していると考えることができますので、その事情や訳をさらに質問することになります。これらはその家族の課題と考えてよいかもしれません。

　ここで紹介した質問例は、ほんの一部です。また、相談面接はライブですので、必ずしも、準備した通りうまく進むということが保障されているものでもありません。

とはいえ、相談者やその家族の理解のためには、相談者の話（言葉）を丁寧に受け止めることが大切です。担当者は相談者の話を動画として再現できるようになっていたいものです。

■ 事例②　家族情報から質問を考える

　もう1つ事例（父31歳、母21歳、長女0歳）を提示しますので、考えてみてください。

　今回は家族の歴史に沿ったジェノグラムを提示します。提示したジェノグラムごとに次のような展開を繰り返していきます。

①ジェノグラム（限られた家族情報）から夫婦や親子関係について、できるだけ自由に考えてみる。
②質問をすると仮定して、質問項目を考えてみる。
③改めて、家族の課題や特徴などを考えてみる。

　まずは、最初のジェノグラムです（図1-4）。両親の年齢差や母親の出産年齢などから、結婚（出会い）の経緯だけでなく、夫婦間のコミュニケーションや子育ての状況などの質問が思い浮かんだことでしょう。さらには、両親の生い立ちに関する質問もしてみたいものですね。

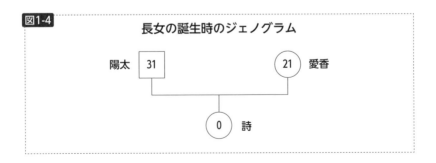

図1-4　長女の誕生時のジェノグラム

陽太　31　　　　　21　愛香

0　詩

約3年後に離婚

　この夫婦は3年後に離婚しました。図1－5からはどのようなことを確かめてみたいですか？　また、その後、どのような展開が予想されますか？

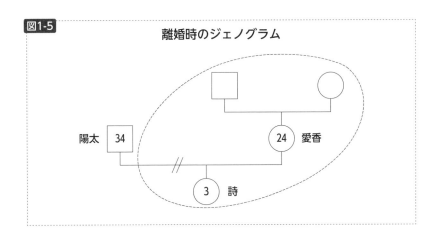

図1-5　離婚時のジェノグラム

　図1－5のジェノグラムからは次のような質問が考えられます。
「離婚はどのような事情からですか？」
「離婚について、実家の親の反応は？」
「母方の実家で暮らすというのは、どのように決まったのですか？」
「離婚後の名字はどうされましたか？」

復縁（よりを戻す）

　それから6年後、この夫婦は復縁しました（図1－6）。
　夫と妻、それぞれのこと、夫婦関係のこと、子どもと親との関係等、さまざまな疑問や質問が思い浮かぶことでしょう。家族の歴史に沿った3つのジェノグラムをベースに、家族の課題や特徴に思いが浮かんだ人があるかもしれません。家族について決めつけることは控えつつ、家族の課題や特徴について、あれこれ考えてみる癖はぜひ身につけたいもの

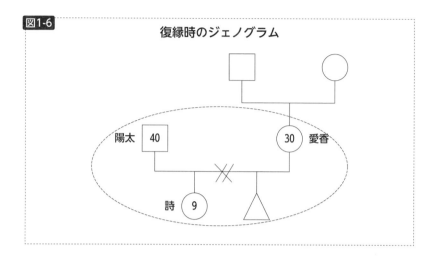

図1-6　復縁時のジェノグラム

陽太 40　30 愛香

詩 9

です。例えば、次のような質問が考えられます。

「離婚されて以降、お二人の連絡はどうされていたのですか？」

「復縁のきっかけとなったのはどのようなことですか？」

「復縁は、どちらからのお話ですか？」

「お住まいはどうされたのですか？」

「一緒に暮らし始めて、お子さんの反応はいかがでしたか？」

一人でできる実践的トレーニングのすすめ

　日々の具体的な暮らしを通して、家族システムは維持されています。当たり前のようなことですが、家族はこれまでの歴史と毎日の暮らしを通して、お互いに影響し合っています。

　だからこそ、援助対象の家族を理解するには、家族に起こる物語に思いを巡らせる想像力とそこから導かれる質問力が大変重要になります。この2つの力を意識した、一人でもできる自主トレーニングを紹介します。実施方法はいたって簡単なものです。

　第1ステップは、対象となる家族のピックアップです。マスコミで報道される事件や注目されている人物等、関心を持った人物（家族）を対象に選びます。次に、対象に関する限られた情報から、その家族に起こりうる可能性などを自由に考えます。できるだけ、いろいろな可能性を考えるのですが、可能性の大小とその根拠も簡単にメモしておきます。

　第2ステップは、疑問点やさらに追加情報として必要と思われる事柄をピックアップします。そして、これらの項目を実際の質問項目（言葉）として置き換えてみるのです。「もしも、自分が担当者となったなら……」と想定した上での、質問力を磨くトレーニングです。

　第3ステップは、追加情報の収集と家族の特徴の理解（仮説の構築）という段階です。追加情報の収集はマスコミ報道の続報を注意深く追いかけてみるといったような展開です。このステップは多少時間とエネルギーが必要なので、このステップに入るかどうかは吟味してください。

　家族の特徴の理解にまでチャレンジしてみることによって、家族に積極的な関心を持つ姿勢が自然と身に付くことになるでしょう。

第3節 相談面接における共通ツールとしてのジェノグラム

　相談場面や支援を考える場面におけるジェノグラムの利用については、「見やすく」「わかりやすく」を心掛けるということが大切です。そのためにも、まずは、記載方法の基本を知っておくことが不可欠となります。

　基本は「男性は□、女性は○」「夫婦は線で結ぶ」「子どもは夫婦の横線から縦線を引いて□や○で表記する」と紹介されています。しかし、ジェノグラムの記号はJIS規格のように統一されたものはありません。実際には、相談援助現場において、記号や記載方法が多少異なっています。

　いずれにせよ大切なことは、「見やすく」「わかりやすく」ということに加えて、記号の意味が援助者のチーム内で共有できているということです。

　ジェノグラムの場合、基本的な情報として、名前、年齢、職業などに加え、生まれた年や亡くなった年、結婚や離婚の年などの情報を加えるようにします。

　また、関係者の協議の場などにおいては、参加者に見える（共有できる）形で、それ以外の必要と思われる情報などを加える場合もあります。

　生まれた年や亡くなった年の記載は図１－７の文夫さんのように「○○（年）－○○（年）」とする場合や、元さんのように「○（年）生」とすることもあります。結婚や離婚に関しても、一郎さん夫婦のように「m○○－d○○」（mはmarriage（結婚）、dはdivorce（離婚）の頭文字）とする場合もあれば、由紀子さんのように、「○年前」という記載もあります。

　さらに、同居メンバーは線で囲むことが基本ですが、「実線にするか」

「点線にするか」や、ホワイトボード利用の際にはマジックの色によって
わかりやすくするなどといった、現場に合わせた工夫をすることを推奨
します。

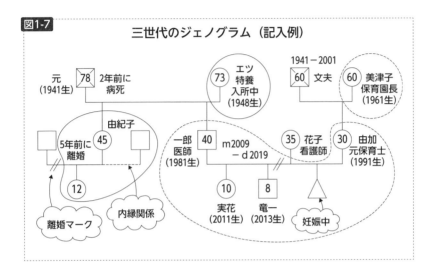

図1-7 三世代のジェノグラム（記入例）

なお、ジェノグラムの詳しい記載例については、前著『対人援助職の
ためのジェノグラム入門』をご参照ください。

Column

エコマップ

　ジェノグラムとともに、相談面接場面において使われるツールとして、エコマップがあります。

　ジェノグラムと同様、JIS規格のように完全に統一されていませんので、表記については現場によって、多少異なるかもしれません。図1-8で紹介する表記の例が代表的なものです。例えば、強い関係は太い線で表しますが、線の本数を増やす表記の仕方もあります。葛藤関係についても、図1-8の波線（ギザギザ）ではなく、一本線の上に×を加える表記や複数の横線に波線を加えた表記もあります。

　エコマップは、家族内の関係や親族などの人間関係だけでなく、関係機関（関係者や地域の人）との関係を表記し、理解するツールとして活用されています。表記方法については、支援に携わる関係者間の共通理解が不可欠なことはいうまでもありません。

図1-8　　　　　　**本書におけるエコマップの線の例**

強い関係 （親密な関係）	━━━━	（太線）
普通の関係	────	
弱い関係 （希薄な関係）	- - - -	
葛藤関係 （対立関係）	〰〰〰	
断絶している関係	─┤├─	
エネルギーの方向	───▶	

第2章
ジェノグラムを活用した
相談面接の実際
― 分野別の活用と工夫や留意点 ―

第1節 相談面接における ジェノグラム活用の基本

① 名前と年齢の確認

初回面接の場合、家族の名前と年齢の確認から始まります。この点は、基本中の基本となることです。

■ 名前の確認

まずは、名前の確認です。名前の確認は、家族の歴史と物語に触れる絶好のチャンスです。名前を確認した後、命名についても話題にしてみましょう。命名の話題の前に、漢字（表記）の確認が必要なことはもちろんです。

命名に関する話題というのは、個人の誕生に関する物語やドラマです。そして、命名に関する家族の決定にまつわるエピソードの確認といってよいかもしれません。

例えば、「○○さんの名前はどなたの発案ですか？」「誰がつけられましたか？」「どのように決まりましたか？」等の問いかけです。

漢字に意味が込められている場合があります。「名前（漢字）はどのような思いで決められていますか？」といった問いかけもできるでしょう。名前には、子どもに対する親の思いや期待などが込められています。名前（漢字）から親の思いや子どもへの期待などが見え隠れします。

一人暮らしの高齢男性に関するインテーク面接の一場面

高齢になった一人暮らしのおじについて、姪にあたる女性から相談が

ありました。まずは、原則に従い、男性の名前の確認から始まりました。

担当 「おじさんのお名前を教えてください」
姪　　「おじは、木村英太郎といいます」
担当 「英太郎さんというのですね。ご長男ですか？」

　太郎は長男、次郎は次男という名づけ方が一般的という思いが担当者
にはあったので、このような問いかけになりました。

姪　　「実は英太郎さんのお母さんは後妻だったと聞いています。英太郎
　　　さんの上には先妻さんのお子さんがいたのですが、お母さんは初
　　　婚で、初めての子どもだったので、太郎という名前をつけたいと
　　　いう思いがあり、両親で相談したということでした。お父さんの
　　　英司の一字とお母さんの思いを受けて、名前が決まったようです」
担当 「よくご存知ですね。他の方も教えてください」

　このようなファーストコンタクトから始まった面接は、その後、ジェ
ノグラムの提示と作成を通して、親戚を含めた社会資源を共有できまし
た。相談の目的であった一人暮らしの高齢男性の支援が始まりました。

■ 年齢の確認

　年齢の確認は、「何歳ですか？」「誕生日を教えてください」「何年生ま
れですか？」という問いかけが一般的です。
　ケースによっては、年齢情報とともに、生まれた年も忘れずに確認し
ましょう。特に、高齢分野ではこの点に留意しておきたいものです。
　なお、第4節の高齢分野においては、家族メンバーの情報として、
「1925－1977」「m1952－d1962」といった記載のジェノグラムを紹

介しています。

　生まれた年の確認は、その人が生まれ育った時代背景の理解につながるものです。高齢者は、明治・大正・昭和（戦前・戦中・戦後）・平成・令和といった時代を経験しています。その時代の価値観や教育観の影響を受けています。当時の一般的とか普通といった価値観などが自然に身に付いているといえるでしょう。

　一方で、技術革新の大きな流れの中で、「アナログ」「デジタル」といった言葉に象徴されるように、時代の変化に伴う生活全般にわたる変化は著しいものがあります。体験した時代の違いは、三世代家族における世代間ギャップや家族内のコミュニケーション、相互理解のズレといった課題として生じやすくなります。もちろん、担当者も時代背景の影響を少なからず受けています。

　相談者への理解にとどまらず、当事者家族の相互理解を深めるといった点からも、ジェノグラムを通して、年齢とともに、その人が生まれ育った時代に思いを巡らせるという癖（習慣）を、ぜひ、身に付けておきたいものです。

　相談面接の場面では、年齢の確認は個人情報に触れるのではないかといった心配や相手に対する遠慮のような心情が働き、話題にしにくいという結果、わからないまま推移してしまうということも少なくありません。また、相談者や当事者と同居家族の名前と年齢は確認しても、別居の両親や祖父母、さらにはきょうだいなど、三世代にまたがる家族の名前や年齢の確認は案外おろそかになりやすいものです。さらに、質問のタイミングを外してしまうと、確認しづらくなります。

　三世代家族の個々の年齢は、家族の歴史と物語をたどる上で、非常に大切な情報です。家族を理解する上でも、家族とのファーストコンタクトや相談の初期段階における名前（命名）や年齢に関する問いかけには、相手の言葉を丁寧に聴き、さらに広げていくといった工夫が必要です。相談場面では、ジェノグラムをお互いに見える形で提示しながら、でき

るだけ、自然なアプローチとして、家族に関する情報を聴くというスタイルを身に付けておきたいものです。

② 家族の歴史や物語につながる質問

　家族情報についての問いかけはさまざまです。これといった正解がある訳ではありません。避けたいのは、「調査的・事務的」な問いかけです。以下、いくつかの例を示しますが、あくまでも例にすぎませんので、ぜひとも、質問のバリエーションを増やすように心掛けてください。

○結婚について

　「ご結婚されたのはいつですか？」（年月日の確認）

　「何歳の時に結婚されましたか？」（結婚時の年齢の確認）

　「知り合われてから、どれぐらいでご結婚されたのですか？」

　「馴れ初めを教えてください」

　「ご結婚されて、何年になりますか？」

　「お互いのご両親の反応はいかがでしたか？」

○結婚時の住居について

　「住む場所はどのように決まりましたか？　決められましたか？」

　「ご夫婦、それぞれはどのようなおつもりでしたか？」

　「お互いのご両親の反応はいかがでしたか？」

○子どもの誕生について（命名の話題以外の展開）

　「結婚されて、何年ぐらい後に、お子さんが生まれましたか？」

　「何歳の時にお子さんが生まれましたか？」

　　　→　平均的な出産年齢より外れている場合は、さらに、「どうでしたか？」「気に掛けられたことはどのようなことですか？」など、家族の思い（物語）を丁寧に聞いてみることも重要になる。

「妊娠中や出産時に印象に残っていることは？」

「最初のお子さんは里帰り出産ですか？」

「祖父母の反応はいかがでしたか？」

「二番目のお子さんの出産の際、上のお子さんのお世話はどうされましたか？」

○年齢情報について

夫婦や子ども同士の間に10歳以上の年齢差がある場合

「○○以上、年齢が離れていますが、どうしてですか？」

「どのようなご事情ですか？」

○夫婦間について

「年齢差がありますが、戸惑われたことは？　工夫されていることは？」

○子どもの年齢差について

「二人の年齢が離れていますが、よかった面と難しかった面はどのようなところですか？」

○その他（離婚・再婚など）

「離婚（再婚）後の名字の選択はどのようにされましたか？」

「これまで住んでおられた家はどうされましたか？」

「再婚後、お子さんは義理の親については、どのように呼んでいますか？」

「現在の家には、結婚されてからお住まいですか？」（転居の有無などの確認）

「これまでで、一番印象に残っていることは？」

「苦労されたことは？」

❸ 家族構成を通して、家族の歴史を把握する

　家族メンバーに関する話題については、念のため、「他に、一緒に暮らしておられる方は？」「他にもご家族は？」という問いかけをすることも必要かもしれません。また、ペットの存在を確認してもよいかもしれません。

　いずれにせよ、インテーク面接における家族情報の把握は家族構成の把握です。そして、家族構成がわかれば、家族が直面すると思われる一般的な物語や課題を思い浮かべてみることができます。この点も家族理解の第一歩となります。

　家族は家族メンバーの年齢の変化とともに、発達・変化しています。結婚・出産、子育て、子どもの自立や親の介護に伴い、分離や同居を選択します。これらは、家族の発達段階に沿った家族構成の変化です。三世代同居の有無や同居の時期から家族の歴史をたどることもできるでしょう。

　一方、離婚・再婚等に伴う家族構成の大きな変化も生じます。新しい課題に向き合うことにもなります。

　いずれにせよ、家族構成とその変化の中にも、さまざまな家族の物語を垣間見ることができます。特に、変化の時期は家族にとっての節目でもあるので、日付といった意味での歴史の確認と節目に出会った家族の物語を尋ねてみることもできるでしょう。

　家族の歴史に関する話題の際にも、命名と同じように、「どのように決まったのか」「誰が決めたのか」等、「決定」のプロセスやエピソード（物語）について、丁寧に確認することを忘れないようにしたいものです。

　家族の出来事に関する「決定」は、家族が物事に取り組む際のパターンに共通するものです。家族が出会う節目の中に、家族の物語が内在しているということに注目しておきたいものです。

❹ 「三世代以上」のジェノグラムの作成

　ジェノグラムは、「三世代以上の人間関係を盛り込んだ家族関係図であり、複雑な家族模様を一目で把握できる」ように視覚化されたものです。

　子どもの相談の場合、「三世代」というのは祖父母の存在にあたります。祖父母のことを尋ねる、確認する、話題にするというプロセスは、親が育った家族との関係を含んだ親自身の理解につながるものです。

　ジェノグラム作成では、上の方に広がっていく可能性を視野に入れた書き方を心得ておく必要があります。ジェノグラムを作成して、面接を展開していくと、親自身のきょうだい関係に関する情報の把握もできるかもしれません。親自身の育ちの中での親子関係だけでなく、きょうだい（同胞）関係についても理解が深まることになります。

　成人の相談の場合、中心となる人物の年齢によって、三世代の範囲は多種多様となります。ある中年夫婦の相談面接では、夫婦を中心に夫婦の両親（実家の親）と夫婦の子ども（長女と長男）の三世代のジェノグラムを作成しながら、問題の整理を行いました。このような場合、相談に来た夫婦を紙面の中央に置き、上にも、下にもつながりのあるメンバーを置いていく（記入していく）といった展開を視野に入れておくことが大切になります。

　高齢者に関わる相談の場合は、高齢者をやや上の方に置き、つながりのあるメンバーを下に描くといった展開になるでしょう。高齢者のさらに上世代は故人となっている場合がほとんどです。一方、高齢者のきょうだいだけでなく、子どもや孫、いとこや甥や姪、さらにはその配偶者といった存在まで登場することがあります。

認知症の高齢者の介護にまつわる相談

　93歳のとみえさん（認知症：要介護４）に関する介護の相談で、孫の妻の佳苗さんからの話を聴くことになりました。以下がインテーク面接で語られた家族情報です。

・現在、とみえさんは孫（高太郎さん）夫婦とその子ども（二人）、合計五人で暮らしています。

・同居は約半年ぐらい前です。一軒置いた隣の家には高太郎さんの両親（とみえさんの長男：浩紀さん夫婦）が暮らしています。

・とみえさんの子どもは長男の浩紀さん（71歳）、次男（正次さん、69歳）、長女（京美さん、67歳）、次女（茉莉さん、65歳）、三男（三貴さん、60歳）の五人です。とみえさんの夫は15年前に亡くなっています。

・正次さん夫婦は徒歩５分程度のところに暮らしています。

・京美さんは車で５分程度のところで暮らしており、夫婦で喫茶店を営んでいます。

・茉莉さんはパリで暮らしていますが、とみえさんの家から５分ぐらいのところに家を借りており、２か月に１回ぐらいの頻度（２～３週間滞在）で帰国しています。

・茉莉さん夫婦は再婚同士のカップルです。茉莉さんの夫には先妻との間に子どもがいます。

・三貴さんは現在独身。離婚経験があります。

　語られた人物が多く、相談者は混乱しそうなので、ジェノグラムを作成しながら、話を聞くことにしました。最終的に完成したジェノグラムは以下のようなものです。

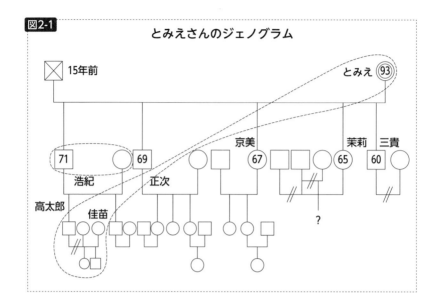

図2-1　とみえさんのジェノグラム

　面接場面におけるジェノグラム作成は、子育て家庭だけでなく、成人の相談及び高齢者の相談の際にも、家族関係や問題の整理と親族の有無などの拡大家族に関する理解（アセスメント）につながるものです。

　さらに、誰に関する相談であり、キーパーソンは誰になるのかについても、焦点を明確にしてくれることにつながります。

　とみえさんの家族関係を把握したところで、具体的な支援を考える上で、担当者はまずはとみえさんの五人の子どもから話を聞くことにしました。それぞれにさまざまな思いや物語が存在していると思われたからです。さらに、担当者としては、できる限り、それぞれの思いを重ね合わせた上で、具体的な支援プランを提示することが大切だと考えたのです。

　ジェノグラムは「血縁の歴史」であるとともに、「心理的関係の歴史」です。家族は歴史を重ねるにしたがって、さまざまな事情を抱えたり、

積み重ねていきます。それが、「心理的関係の歴史」となるのです。

　そして、それらは日常生活の中では、具体的な生活スタイルなどに反映されます。高齢者に関わる相談の場合、これまでのさまざまな事情の積み重ねが現状の姿として反映されていると考えてよいでしょう。

　ところで、事情は心の軌跡であったり、各メンバーの思いの中に存在する物語でもあるのです。問題や事情のない家族はありません。問題というとマイナスイメージが先行してしまうので、問題を事情と置き換えてみてもよいでしょう。事情の大小はともかく、家族はさまざまな事情を抱えたり、乗り越えたりしながら、暮らしています。

　血縁と心理的関係の歴史や家族の物語が映し出されている三世代以上のジェノグラムの作成を常に心がけておきたいものです。

第2節 児童分野における ジェノグラムの活用

❶ はじめに

　この節では、子どもの年齢や家族の発達段階を考慮しながら、子育て中の家族に対する相談援助を視野に入れた、ジェノグラムの活用と面接の工夫などを紹介します。

　市町村の相談部門や児童家庭支援センターなどをはじめ、スクールカウンセラーやスクールソーシャルワーカー、教育相談等、多様な部署の担当者を想定しています。

　なお、市町村においては、虐待対応も避けて通れない業務になりつつあるので、虐待が背景にある相談も紹介しています。

❷ 児童に関わる相談の際、心得ておきたい点や工夫

① 家族の発達や変化から直面するような（レギュラーな）課題を思い浮かべ、問いかける

　家族の発達というのは、「新婚期（夫婦だけの時期）」「子育て前期（最初の子どもの誕生から就学まで）」「子育て中期（小中学校の時期）」「子育て後期（高校の時期：子どもは思春期）」「子どもの自立期（大学入学や就職などによる独立）」「夫婦だけの時期」というプロセスを踏み、さらに、子どもの成長や親自身の加齢によって、新たな課題に直面するようになります。

　新婚期は夫婦の相互理解やコミュニケーションの持ち方や親密性など

が課題になります。この時期は夫婦二人の関係がメインです。ただし、実家の親と同居になると、子どものポジション（役割）と夫婦の役割を担うことになります。夫婦だけの生活なのか、親と同居なのかによっても、繰り広げられる物語は異なっていきます。

　子どもの誕生とともに、親の役割を担うことになります（子育て前・中・後期）。夫婦二人の関係から父親・母親と子どもといった三人の関係になります。新たな家族のドラマが今後20年以上展開することも少なくありません。

　子どもが自立するようになると（子どもの自立期）、改めて、夫婦二人になります（夫婦だけの時期）。

　20年以上経過した夫婦は、若い頃とは決して同じではないでしょう。人生の後半に向けての課題に向き合うことになりますが、この節では、主に、子どもの自立までを視野に入れて考えていきます。

　質問の例としては、本章第1節の《家族の歴史や物語につながる質問》（029ページ）を参考にしてください。

　「○○の時（頃）、どのようにされましたか？」

　「その頃、どのように感じられましたか？」

　「一番、大変だった頃、どのように過ごされましたか？」

　等、家族が経験するであろう場面やエピソードを想像してみて、問いかけてみることです。

②　子どもにのみ焦点を当てるのではなく、子どもに関わる家族の動きを確かめ、問いかける

　子どもに関わる相談の初回面接では、子どもの成育歴を確認することは一般的かもしれません。この作業は、子ども自身の発達について焦点を当てているのですが、乳幼児期から概ね順調に発育している場合、情報は参考程度になってしまいます。

　一方、子どもの成長や発達は親や家族にさまざまな反応や変化・影響

を与えるものです。だからこそ、子どもの発達状況の確認だけで終わるのではなく、家族の動きや拡大家族もしくは三世代の関わりなども視野に入れた質問を心掛けたいものです。

　例えば、出産前後の状況や生活（父や祖父母の反応）、命名のエピソード、祖父母の協力（里帰り出産の有無）、お宮参り、年末年始の実家への帰省等であり、家族の風習や慣習を感じ取ることができるエピソードです。

　これらの１つひとつの中に、その家族の歴史や物語が散りばめられているものです。

③　イレギュラーな出来事を見逃さず、その時の思いを問いかける

　①で紹介した家族の発達というのは自然なライフサイクルです。しかし、家族や人生は思いがけない出来事にも出会うものです。授かり婚といわれるようになりましたが、できちゃった婚も予想外の出来事かもしれません。また、流産や新生児の赤ちゃんが亡くなる、成長した子どもが親よりも早く亡くなる、子どもの自死といったように、身近な家族の中で起こった喪失体験、さらには、離婚や再婚、子どもや親の行方不明といった出来事もあるでしょう。時には、トラウマといわれたりする出来事です。

　思いもかけない家族の出来事に対する問いかけは、家族への積極的な関心と家族への熱いまなざしがないと難しいかもしれません。しかし、家族にとっては、とても重要かつ大切な節目となった出来事です。もしも、問いかける勇気がなかったとしても、関心は持っておきたいものです。問いかけてみることができるようなタイミングが来るかもしれません。

　このような出来事に対する問いかけも、先ほど紹介した問いかけと重なります。

「○○の時（頃）、どのようにされましたか？」

「その頃、どのように感じられましたか？」

「どのように乗り越えられましたか？」

「支えになったのはどのようなことですか？」

等、自分のことに置き換えてみると、問いかけてみたい言葉が自然に浮かんでくることと思います。

以上の３つのポイント（視点）は、相談面接（特に初回面接や相談の初期）を通して、家族の変化や発達、さらには拡大家族を意識した情報について、丁寧に拾い上げることを心掛けるということです。

■■ 虐待相談のポイント

虐待相談の場合、視野に入れておくべき大切なポイントがあります。それは、親自身の被虐待に関わる物語への問いかけや視点です。昨今、大きな課題となっている児童虐待においては、親自身が成育の中で、不適切な養育を体験してきたケースがあります。親自身の被虐待体験については、その物語を受け止めることだけに終わってしまうのではなく、被虐待体験をバネにして新たな人生や子育てに向き合おうとしてきた（向き合おうとしている）物語にもスポットを当て、エンパワーすることも忘れてはなりません。

ちなみに、児童虐待に関する文献研究（平成24・25年度研究報告書、子どもの虹 情報研修センター）の「まとめと考察」では、以下の点を把握することの重要性を指摘しています。

① 男性加害者の養育：家族全体の具体的な状況を把握するよう心掛けること

② 内縁男性・交際男性との同居期間

③ 内縁男性等についての調査・把握

④ 保護者等の成育歴の確認：家族全体の歴史をたどる重要性

⑤ 転居

⑥ 妊娠や中絶、流産について

⑦ 乳幼児健診について

⑧ 祖父母との関係

等です。

　さらに、児童虐待の死亡事例検証報告においては、必ずといってよいほど、「家族アセスメントの重要性」や「家族全体にわたるアセスメント」といったことが強調されます。

　そもそも、三世代の家族情報を記したジェノグラムは親子の二世代や核家族の理解だけでなく、親自身の理解につながるものです。そういった意味においては、三世代のジェノグラム作成こそ家族アセスメントにつながる強力なツールなのです。

　三世代を意識したジェノグラムというのは、親自身の育ちに関心を持つということと同意語といってもよいでしょう。特に、二世代の同居家族だけのジェノグラム作成や最小限の家族情報の把握に終わってしまうのではなく、三世代にわたる家族の歴史と物語に積極的な関心を持ち、問いかけることは、家族の理解やアセスメントに魂を込める作業といえます。

❸ 児童分野における相談面接の実際

　家族の話を聴きながら、ジェノグラムの作成を意識することを通して、家族の歴史と物語に近づくことが基本となります。

事例 ❶

生後間もない子どもを育てる母親：
実家の母との関係に関する相談

　「こんにちは赤ちゃん」の訪問事業で支援している家庭相談員とともに相談センターに来所した母親（智恵）の話です。2か月になった赤ちゃんの表情や反応はよく、担当者の声かけに対してもよく笑う様子が印象的でした。

　相談申し込み票に記載された「現在困っていることや相談したいことは何ですか?」という問いかけに対して、「実家の母との付き合い」と記入されていましたが、まずは現在の暮らしを確認することから始めました。
担当「ご家族は?」
智恵「夫と私とこの子の三人家族です」

　現在の住まいは結婚の時に夫婦で相談して決めたという話を確認した後、出産・結婚・出会いといった家族の歴史をたどるような問いかけをしました。

担当「ところで、お子さんの出産はどこですか?」
智恵「現在住んでいる近くの病院で産みました。産気づいたのは、たまたま夫が連休中の時だったので、助かりました。また、夫の両親

は健在で、大変よく協力してくれます。私の実家は遠方なのですが、夫の両親は隣の市に住んでおり、車で10分ぐらいのところです。初孫ということもあり、何かと心に掛けてくれます。出産前後は夫の母がずいぶん協力してくれて、産後はしばらく我が家に泊まったり、力になってくれています。本当に助かっています」

　担当者はここまでの話を聞きながら、頭の中で、ジェノグラムを描いてみました。

　担当者の頭の中をよぎったのは、「どうして自分の実家に里帰り出産をしなかったのだろうか？」という素朴な疑問です。この疑問は、「出産についてはどのように決められましたか？　それはどうしてですか？」等というような問いかけにつながります。この問いかけをきっかけに、智恵さんが語る話を展開すれば、本人の物語に近づくこともできるかもしれません。

　しかし、いきなり、核心に触れるような重い展開になる可能性もあります。また、「別に……」とか「特に……」といった言葉によって、やんわりと拒否される可能性もあります。

　そこで、智恵さんとの関係を深めることを念頭に置いて、二人の結婚や出会いについて、確かめてみました。

担当「お二人が知り合われたのは？」

智恵「私は、高校を卒業して、1年浪人後、夫と同じ大学に入学しました。夫は1年先輩でした。私は今でいうリケジョ（理系の女子）でした。所属するゼミが一緒になり、先輩として、いろいろなことを教えてくれているうちに、親しくなっていったというか……。彼の後を追いかけるような形で、私も大学院まで進みました。私は修士課程で卒業し、その後、非常勤で中学校の教員をしていました。夫は博士課程を終えた後、研究職として就職できましたので、

就職して1年後ぐらいに結婚しました。結婚後、2年ほどして子どもを授かりましたので、教員は辞めました」

このあたりまでの話を聞いて作成したのが次のジェノグラムです。

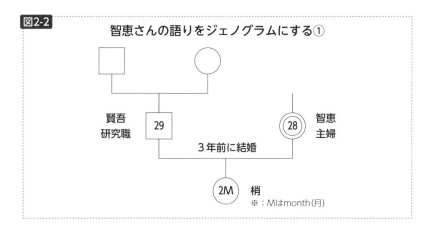

担当「先ほど、実家は遠方と言われましたが、大学入学をきっかけに、一人暮らしされたのですか？」

智恵「はい。実は地元の大学には受かったのですが、実家から地元の大学に通うことは避けたかったので、1年間ずいぶん我慢と努力をして、目指す大学に入学しました」

担当「目指す大学に入学するために努力されたと思いますが、我慢というのは……」

智恵「実家での生活は我慢の連続だったのです……」

「我慢」という言葉を具体的に確かめてみました。

担当「どのようなことを我慢されたのですか？」

智恵「私はもともと、両親と2歳下の妹と父方の祖父母との6人家族の

中で育ちました。父方祖母と母は仲が悪く、絶えず喧嘩をしていました。時には、両親が大喧嘩をするということもありました。家族の中で争いが起こると、とても暗い気持ちになりました。時には、母のイライラが私たちへの暴力という形になった時もありました。特に、姉である私が暴力を受けました」

　　幼い頃の家族関係を確認することによって、智恵さんの物語が語られ始めましたので、しばらくは、その話に寄り添うことにしました。

智恵「実家の母は保育士をしていたこともあり、祖母が私たち二人を主に世話していました。物心ついた頃からは、祖母と母の両方から、お互いの悪口を聞かされることも頻繁でした。おばあちゃん子でもあったので、母からの暴力だけでなく、家族同士の喧嘩やお互いの悪口を聞くことはさらにつらいことでした。高校生ぐらいから、早くこの家を出たいと思うようにもなりました」

　　智恵さんが語った物語は以上のようなものです。当時の実家は次のようなジェノグラムとなります（図2−3）。

　　智恵さん自身が経験してきた身体的虐待と心理的虐待が、主訴としての「実家の母との付き合い」につながっているように感じられました。そこで、改めて実家からの自立を考え始めたという高校生の頃に焦点を当てて、尋ねてみることにしました。

担当「高校生の頃の印象的な出来事は？」
智恵「高校2年生の夏頃だったかと思います。それまで経験したことがないような大喧嘩がありました。祖父母と両親の四人での出来事です。私と妹は二人で隣の家に逃げました。隣の人が四人の間に

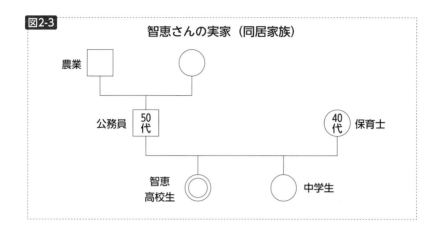

図2-3 智恵さんの実家（同居家族）

農業 □　　○

公務員 [50代] ────── (40代) 保育士

智恵
高校生 ◎　　○ 中学生

入ってくれて何とか治まりましたが、とてもみじめな思いになりました」

　改めて、ジェノグラムを前にすると、担当者も予想していなかった家族の物語が展開していきました。

智恵「それから半年ぐらいして、突然、母が家を出ていきました。私や妹には携帯で連絡をしてくるのですが、父や祖父母からの連絡には一切出ないようでした。父は仕事のことも重なり、その後、うつ病の診断で数か月休職したこともありました。結局、妹が高校を卒業した後、両親は離婚しました。妹は高校卒業後、地元の金融機関に就職が決まり、家を出て、一人暮らしを始めました。私が大学に入学した翌年になります」

　最初に提示したジェノグラム（図2-2）に以上の話を追加すると、次のようなジェノグラムになります（図2-4）。

第2節　児童分野におけるジェノグラムの活用

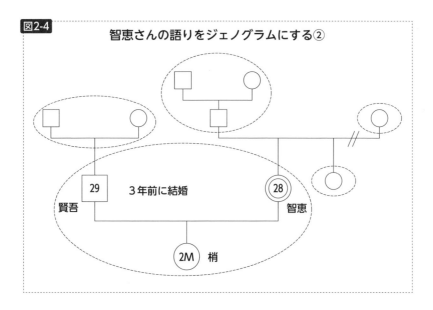

図2-4 智恵さんの語りをジェノグラムにする②

（図中）

29 賢吾　　3年前に結婚　　28 智恵

2M　梢

担当「ご家族の歴史を伺っていると、子どもの頃にとてもつらい体験が続いたのですね。賢吾さんはこれまでのことをどの程度ご存じなのですか？」

智恵「すべて話をしています。母からは、突然、『孫の顔を見たい』とか『私にもしものことがあったら誰が面倒を見てくれるのか？』とか『私を一人ぼっちにするのか！』といった電話がかかってくるのです。私が困っている姿を見た夫は、1か月ぐらい前から、私に代わってやりとりしてくれることになりましたので、気分的にもとても助かっています」

　智恵さんの主訴については、夫婦で対策を立て、解決に向かっている様子が確認できたので、そのことを評価すると、次のようなことが語られました。

智恵「実家の母との付き合いは夫が力になってくれるので、何とかなり

そうな見通しがあるのですが、最近、ふと頭に浮かぶことがあります。私も娘に対して虐待してしまうのではないかと……。そのことを考え始めると、不安で夜も眠れないこともあったので、この機会に聞いてもらえたらと思いました」

　智恵さんの心配は、虐待を繰り返してしまうのではないかというものでした。そこで、改めて、ジェノグラムを提示し、相談者と一緒にそれぞれの関係に線を加えてみました。

　まず、関係が強い場合には太線。可もなく不可もないといった「普通」の場合は１本線とし、希薄な関係は点線とするよう伝えました。さらに、家族メンバー間に葛藤がある場合や険悪といった場合は、ギザギザの波線とするように付け足しました。

　なお、この面接では利用していませんが、線に矢印を加えて、攻撃や依存の方向を表す場合もあります。

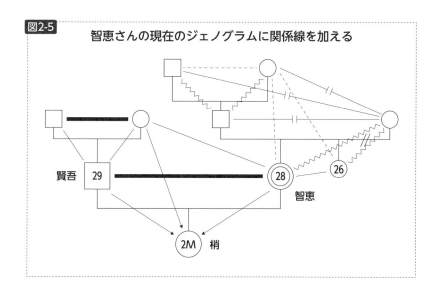

図2-5 智恵さんの現在のジェノグラムに関係線を加える

智恵「こうやってみると、私と実家の親との関係がよくわかりました。また、夫の家族との違いもわかるような気がします。結婚した当初は、夫の家族との付き合い方に戸惑いを覚えたものです。私の家族とはずいぶん違っていましたので……。私が生まれ育った中で経験したことは変えようがありませんが、夫の支えや力を借りて、いやな思い出は小さくできそうな気がします。これからは、夫の家族にも支えてもらうことがとても大切だということがよくわかりました。虐待に対しては、余計な心配をしなくてもよいと安心しました」

担当「これまで経験された物語もいやな思い出ばかりと受け止めるのではなく、懐かしい思い出に変えることもできます。そういった意味でも、ご夫婦で協力していかれることが、何よりかと思います」

コメント▶

　相談のスタートは、実家の母親との関係でした。その話を聞いた際に浮かんだことは、智恵さん自身が育つ中で、何らかの課題を感じてきているのではないかということです。

　一方で、初めての子育てにも直面しているので、その点に関しても迷いや不安などを抱えてもおかしくはないという思いもありました。

　相談場面において、どのテーマ（入口）から入っていくかは、その時々によって、さまざまです。当然、担当者の理論的背景をベースにした展開も考えられます。

　三世代以上にわたるジェノグラムの作成と活用を軸に考えてみると、育った家族を振り返ることも可能ですし、今の家族やこれからの家族について、話題にすることも可能です。両側面をいかに活用し、展開できるかがポイントになります。

　今回の相談は、実は児童虐待の不安を抱えた母親という側面もあったのですが、あくまでも智恵さんの訴えに添いながら、過去と現在、そしてこ

れからの家族づくりの物語を視野に入れた相談面接となりました。

　智恵さんの物語を聞く中で浮かんだのが、家族の関係を「見える化」することでした。ジェノグラムに実線と点線、さらに太線なども加えながら、お互いの関係を表すことにしました。

　家族を客観的に見ることが智恵さんの不安の解消に役立ちました。

事例 II
子育てに自信がない母親：
夫の両親の過干渉に関する相談

　相談センターに来たのは、生後3か月の男児（翔太）を抱いた19歳に
なる母親（美紀）でした。美紀さんの訴えは、「子育てに自信がない」「子
どもが泣き止まないとイライラしてしまい、子どもに手を出すことが
度々ある」といった内容です。定期的に訪問する保健師から紹介されて
来ました。

　事前に聞いていた家族の情報をジェノグラムにすると図2-6の通り
です。家族は12歳年上の夫との三人暮らしということでした。

　みなさんは、このジェノグラムから、どのような問いかけが思い浮か
びますか？

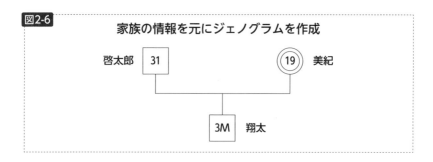

図2-6

家族の情報を元にジェノグラムを作成

啓太郎 31　　　　　　　19 美紀

3M 翔太

　担当者は乳児を連れての来所相談及び子育ての大変さをねぎらった
後、現在の家族や拡大家族との関係について、まずは理解したいと考え
ました。

　そこで、子どもの誕生前後のエピソードを尋ねてみました。

担当「若くして出産されたので、最初は不安なことも多かったかと思い
　　　ます。里帰り出産ですか？」

美紀さんの実家との関係を確かめたくて、あえて、"里帰り出産" について聞きました。

美紀「妊娠が分かった時、夫とは付き合っていましたが、籍は入っていませんでした。正直、夫の反応が不安で、妊娠の事実を伝えるのをどうしようかと一人で悩みました。でも思い切って話をしたら、『結婚しよう』と言ってくれたので、結婚に踏み切れました」

担当「結婚までにいろいろと気遣いされたのですね」

美紀「夫とはネットを通じて知り合いました。私は両親との仲がよくなくて、結婚して早く家を出たいと思っていました。私の両親は出産も結婚も大反対でした。結局、家出同然のようなことになり、結婚式も挙げていません。もちろん、里帰り出産はできるような状況ではありません。私の両親はこれまで孫の顔も見ていません」

担当「いろいろと苦労されたのですね。お住まいは？」

美紀「私たちは夫の両親の家から歩いて5分くらいのところに住んでいます。夫は両親の家業を手伝っていますので、実家の近くに住むことになりました」

担当「里帰り出産をされていないとのことですが、出産前後はどうされましたか？」

美紀「夫の母が私のことを気に掛けてくれて、母子が落ち着くまでは一緒に暮らしたらよいと言ってくれました。正直、私も夫も助かるというか楽になるというような気持ちもあり、期限を決めることなく、一緒に暮らし始めました」

　ここまでの話をジェノグラムにして美紀さんに提示しました（図2－7）。

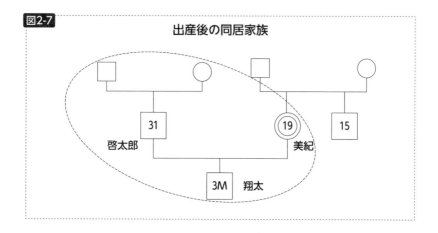

図2-7

出産後の同居家族

31	19
啓太郎	美紀
	15
3M	翔太

　その上で、啓太郎さんの両親と一緒に住み始めることになっての付き合い方が気になったので、確かめてみました。

担当「出産後の美紀さんと翔太君に対しては？」

美紀「夫の両親が気に掛けてくれました。夫の父は初孫が男の子ということで、とても喜んでくれました。出産後は、夫の実家でしばらく暮らしました。私も助かるので、最初のうちはよかったのですが、正直なところ、2か月経った頃から、子育てに関する夫の両親の言動がとても気になってきたのです。可愛いがってくれているのはわかるのですが、存在自体がわずらわしくなって……」

担当「わずらわしくなってきたというのは……」

美紀「夫の母は母乳の与え方や入浴など、細かいことにとても口を挟むようになりました。また、夫の両親の都合で、翔太を自分たちの部屋に連れて行ったり……」

担当「翔太君のことについて、啓太郎さんは？」

　美紀さんに啓太郎さんの思いを確かめてみました。

美紀「男の子ということをとても喜んでいました。翔太という名前は夫がつけた名前です。私も大賛成でしたので、漢字は二人で考えました」

「でも、父親としてどのように関わったらよいのか、正直、戸惑っているという感じです。夫に子どもの頃の話を聞くと、父親と遊んでもらった経験が少ないようです」

啓太郎さんの物語が垣間見えるように感じましたが、夫婦のことに話を展開してみることにしました。

担当「お二人で話をされる時間は？」
美紀「改めて話をするということはありませんが、夕食後は、私の方から話しかけることが多いかもしれません。気分的に私がしんどくなった時期に、思い切って、夫の両親宅から自宅に戻ろうという話を切り出しました。夫としては、私がどうしても戻りたいと言うなら仕方がないという感じで、私のしんどさを本当にわかってくれているという感じはあまりしませんでした。夫としては、両親が翔太の世話をしてくれるから、多分、楽だったのだと思います」

美紀さんの物語と啓太郎さんの物語のズレが垣間見えました。

美紀「夫は一人っ子なので、よく言えば、親に気を遣っているというか、あまり、自分の思いを出さないというか……。揉めることはあまりしたくない人だと思います」

「私は一人ぼっちで不安な自分の気持ちがイライラとなって、些細なことがきっかけで、子どもに手を上げていたのかもしれませんね」

担当「大切なことに気が付かれたかもしれません。夫婦二人で歩調を合わせたり、美紀さんの居場所を作っていくことを考えてみませんか」

　提示したジェノグラム（図2-7）は、美紀さんの立ち位置を改めて確認することにつながりました。

コメント▶
　妊娠・結婚・出産を機に、知らない地域に夫を頼って暮らし始めた美紀さんの大変さを受け止め、ねぎらいながら、約1時間の初回面接を終えました。面接終了時には美紀さんに対して、地域社会とつながることを目指した上での、「母親グループ」への参加を提案しました。
　さらに、「子どもも参加した両親面接」のお誘いをしました。
　両親面接では夫婦としての交流の機会（夫婦機能に焦点を当てたアプローチ）を獲得するという側面を視野に入れながら、子育てという現実的・具体的な共通のテーマを挟んで、交流（親機能に焦点を当てたアプローチ）を目指しました。これらについては、定期的な面接の実施という形で、第三者が入ることによって、強化しようと考えたものです。両親面接は月1回で約半年実施しました。

出産の話題から母親の孤立が浮き彫りに ────

　家族の発達という点から考えると、新婚初期は、夫婦の親密性の基礎作りの時期となります。育った家族（文化や価値観）の違い、これまでの生活スタイルの違い等を日々感じながら、新しい二人の家庭を築く時間が必要になります。時には夫婦の意見の違いなども交えながら、コミュニケーションを深め、相互理解を少しでも増やしていくということになります。

　一方で、出産を機に結婚という流れになると、往々にして、「夫婦」としての二者関係をじっくりと構築する前に、いきなり「親」機能を求められているということになってしまいがちなのです。特に、女性のエネルギーが子育て中心に向かってしまうと、夫婦機能が弱くなったまま、母親自身も孤立してしまうという悪循環に陥ることもありますので、注意したいものです。

事例 Ⅲ

相談する人がいない孤独な母親：
発達障がいが疑われる娘に関する相談

　母親から「発達障がいかもしれない娘（9歳）のことで相談したい」
と電話申し込みがあり、後日、教育相談室への来所相談となりました。
電話での受付の際、家族について確認すると、両親と娘の三人家族であ
るが、父親はうつ病のため休職中とのことでした。

■ 初回面接

　母親の来所をねぎらった後、まずは、娘に関する母親の心配を聞くこ
とになりました。母親からみれば、「こだわりの強さや娘独特のルール」
が気になるとのこと。また、一時期、学校に行けなくなった時があり、
今は問題なく過ごしているようではあるが、一方で、学校で過剰なスト
レスを抱え込んで、しんどくなっているのではないかと気にかけている
等々、順序立てて、理知的に話をする様子が印象的でした。
　一通り、娘についての話が終わった後、「一人っ子なので、心配しす
ぎかもしれないのですが……」と締めくくりました。

■ 命名の話題から、結婚、そして祖父母の話題へ

　一息ついたところで、次のように切り出しました。
担当「改めて、ご家族のことを教えてください」
早苗「夫は大輔といいます。私は早苗です。娘は彩音（あやね）です」

　娘の名前には親の思いが含まれているように感じられたので、命名に
ついて問いかけてみることにしました。

担当「彩音という、とても素敵な名前をつけられたのですね。どのように
　　　してつけられたのですか？」

早苗「私たち夫婦の出身大学は違うのですが、音楽が共通の趣味という
　　　ことで、サークルの知人の紹介で知り合いました。私の方が４歳
　　　上で、私が35歳になってから結婚しました。８年後に娘が生まれ
　　　ました。私たちとしては、やはり“音”という漢字は入れたいと
　　　いうことになり、やさしい響きで色とりどりの音色を連想させる
　　　“彩”を使うことで夫婦の意見はすぐに一致しました。“あやね”
　　　という響きがとてもやさしくて素敵だということで、それぞれの
　　　両親もとても喜んでくれました」

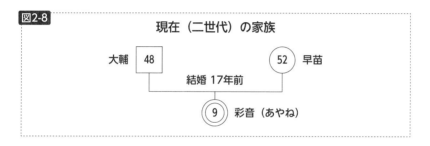

図2-8　　現在（二世代）の家族

大輔　48　　　　　　　　52　早苗
　　　　　結婚 17年前
　　　　　　9　彩音（あやね）

　結婚して、８年後に娘さんが生まれたということについて、何か事情
でもあるのかと確認してみました。

担当「結婚後、お子さんができなかったというのは？」

早苗「結婚後、３年ぐらいして、それぞれの両親は何となくですが、『子
　　　どもは？』という雰囲気が強くなりました。私も年齢のことを考
　　　えると……。仲のよい友達に紹介してもらったクリニックに通い
　　　ました。不妊治療を受けましたが、なかなか子どもに恵まれ
　　　ず……」

不妊治療という大切なキーワードを続けることにしました。

担当「不妊治療って、大変だと聞いたことがあります。大輔さんはどの
　　　ような感じでしたか？」

早苗「協力的ではなく、むしろ消極的でした。妊娠から出産までいろい
　　　ろありましたし、この頃から、何となく距離が生まれてきたとい
　　　うか……。子どもの名前を夫婦で相談してつけたことは、今となっ
　　　ては嘘のような出来事です」

　この後、早苗さんは次のようなことを語りました。
　実は配偶者間人工授精によって妊娠・出産したこと。夫とはセックス
レスで、会話らしい会話もなく、家庭内別居のような状態であること。
両親の関係がギクシャクしていることを娘は感じ取り、落ち着かないの
かもしれないこと。夫は、双方の実家の親に対応する時だけ、よい顔を
すること。実家の両親には心配をかけたくないという思いは強いこと。
一方で、妻や娘に対する思いは感じられないこと、などです。

　*早苗さんから「両親」という言葉が聞かれたので、その言葉をつない
でいくことにしました。*

担当「それぞれのご両親はどちらにお住まいですか？」

早苗「私の両親はＡ市に住んでいます。二人とも70代後半です。父は最
　　　　近認知症の症状が出始めたようで、母は父の介護や世話に苦労し

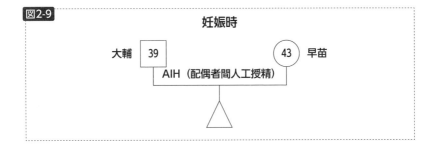

図2-9　　　　　　　　　　　　妊娠時

大輔　39　　　　　　　　　　　　　　43　早苗
　　　　　　AIH（配偶者間人工授精）

ています。夫の両親も同じような年齢です。隣の市で暮らしていますが、ずいぶん前から病気がちです」

今度は「病気がち」という言葉をつないでいくことにしました。

担当「病気というと……」
早苗「夫の父は若年性認知症です。私たちの結婚前から症状が出始めたとのことです。夫の母はパーキンソン病を患っています。義父母には夫の姉が同居しており、介護保険サービスを利用しているみたいです。現在、夫も休職中ですが、夫の家族に頼るということは難しい状況です。夫も自分のことで精いっぱいなので、娘のことを相談できる状況ではありません」
「私には2つ上の兄がいますが一人暮らしです。私は女の子ということで、両親にはとても大切にされました。小学校高学年ぐらいからは、親からの束縛を感じたこともあるのですが、特に父は私のことを気に掛けていました。そのようなことがあったので、余計に私も娘のことが心配になるのかもしれません」

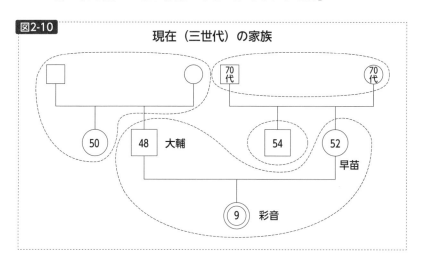

図2-10 現在（三世代）の家族

　このような話題が続いた後、後半では、サラリーマン家族であった父方と自営業を営んでいた母方の生活スタイルや子育て感の違いやズレに戸惑っている母親の苦悩が語られました。

　家族の歴史を振り返ると、結婚当初は夫婦のズレは少ないようでしたが、その後の母親の苦悩が積み重なっていったようでした。妊娠に関わるエピソード、出産後の子育て、それぞれの育った家族（原家族）の違い、さらには、病気がちな親に対する複雑な心境が感じられました。加えて、夫に対する複雑な思いも拍車をかけているようでした。

　その後の母親との面接では、娘のことだけではなく、夫や両親に対する母親の思い（物語）を受け止めることを中心に進めるようにしました。

[mini column] ワンポイントアドバイス

◆命名の話題について

　２つの取り上げ方があります。「素敵な名前ですね」というように、名前を誉める場合と「素敵な名前をつけられたのですね」というように、つけた人を誉める場合です。いずれがよいかというものではなく、相手に合わせて、問いかけてみるという工夫を心掛けるという点が重要です。

◆ジェノグラム上に「人工授精」の表記を加える

　人工授精については、プライベートな側面が強いので、面接で話題になることは限られているでしょう。もしも、話題になった場合は情報として人工授精の表記を加えましょう。

　ちなみに、人工授精には「配偶者間人工授精」と「非配偶者間人工授精」があります。「配偶者間人工授精（Artificial Insemination with Husband's semen）」については夫婦を結ぶ横線の上に「AIH」と記載してはどうかと考えています（図２－９参照）。

夜間徘徊を繰り返す女子中学生：スクールカウンセラーが対応した非行相談

　新学期早々、「中学1年生の気になる生徒がいるので、一度、会ってもらえませんか？」という希望を学級担任から聞くことになりました。小学校からも「5年生の3学期に母親が亡くなっています。気に掛けてください」と引継ぎがあった女子生徒（美佳）のことでした。

　さらに、学級担任からは「登校はするけれど毎日のように遅刻する」「校内では大きなトラブルはない」「一対一で話すと人懐っこくよく話をしてくれる」「どうやら、夜遅くまで繁華街にいるようだ」「他校の生徒とも交流があるようです」「最近、タバコを吸っているという話をクラスメートから聞いたことがあります」等々のエピソードが聞かれました。

　スクールカウンセラー（SC）は学級担任から「本人の話を聞いてください」と依頼され、美佳さんと会うことになりました。

　SCが事前に家庭状況を確かめると、「父（雄哉、48歳）と兄（雅裕、18歳）」とのことでした。また、小学校からの申し送りとしては、「5年生の冬に母親を亡くしているので、寂しいのだと思います」と伝えられていました。

　初回は学級担任から勧められて出会うことになるので、少しでもよい関係を築き、次回からは本人の意思で来るように働きかけることと次回の面接を予約して終わることを目標としました。

■ 美佳さんとの出会い

　学級担任に付き添われて相談室にやってきた美佳さん。笑顔がとても素敵な子というのが第一印象で、夜遅くまで繁華街を出歩くといった行動とのズレを感じました。学級担任は、美佳さんにSCの紹介をした後、

すぐに退室しました。

　二人になり、改めて相談担当となるＳＣ自身の自己紹介をすると、「カウンセラー」という言葉や仕事に興味を持ったようで、「どうして、カウンセラーになったのか？」「どのようにしたらなれるのか？」等、積極的に尋ねてきました。

　彼女との関係はうまく築いていけそうだという感触を得たところで、次のような問いかけをしてみました。

ＳＣ「美佳っていう名前、とても素敵な名前ですね。自分では、気に入ってる？　どんな感じ？」

　　まずは、相手の名前を誉めた上で、彼女自身がどのように受け止めているか、自己否定的なのか自己肯定的なのかという自己イメージにも関係する可能性があるので、名前のことを話題にしてみました。

美佳「う〜ん。幼稚園の頃は、同じクラスに、同じ呼び方の子があと二人もいたし、あんまり、うれしくなかった。"みかちゃん" って言われても、誰のことかわからなかったり、みんな手を上げたりとか……。あんまり好きじゃなかった。でも、小学校に入ってからは、ちょっと違うかな……」

ＳＣ「小学校に入ってからは、どんな風に違ったの？」

美佳「生まれた時のことを親に尋ねてくるという宿題があって、お母さんに聞いたら、生まれた時のことやお兄ちゃんのことまで話が広がって、知らないこともたくさんあったし、その頃から、この名前もよいかなって思うようになったかな。お母さんの名前も一字入っているから、今は、大切にしようとは思うけど……」

　　美佳さんの一字はお母さんの佳誉子からもらっていること、兄は父親の一字をもらっていることなどが話題になりました。和やかな雰囲気で

会話が進んだところで、終了時間が迫ってきました。「続きの話は次回に……」と伝え、次の面接の約束をしました。

　面接を通して、母親が亡くなった後は父親と兄との三人の生活となり、しかも思春期を迎える女の子にとっては、家庭内での居場所がなくなったのではないかという仮説が浮かびました。

　さらに、彼女の行動の背景や人懐っこさの裏側には、母親が亡くなったため、これまで強かった母親との関係を失った寂しさがあるのかもしれないという思いも強くしました。

　これらのことは、今後の面接の中で、彼女の物語を確かめることにしました。

　以降、毎回の面接は欠席はなく、約束した時間より少し早くやってきました。話は屈託なくするものの、インターネットやスマホに関する話題が中心となりました。一方で、学級担任が心配する夜間徘徊や交友関係の心配も相変わらずという状況が続きました。

　ＳＣが意図した彼女の物語に近づくという展開にはならず、面接の行き詰まりを感じていた頃、スーパービジョン（ＳＶ）を受ける機会があり、スーパーバイザーから彼女の物語に近づくツールとしてのジェノグラムの利用についてアドバイスを受けました。

■ ジェノグラムを提示した面接

　いつものように、5分ぐらい前に相談室にやってきた美佳さんを前に、ＳＣは「今日もよく来てくれました」とねぎらった後、「美佳さんの家族についてこのようなものを作ってみたけど、間違っていないかな？」と言って、ジェノグラムを提示しました（図2−11）。

　面接では、母親のことを話題にしたいという思いがあり、ＳＶを参考

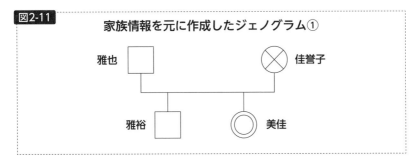

図2-11　家族情報を元に作成したジェノグラム①

雅也　佳誉子

雅裕　美佳

に、そのきっかけとして、ジェノグラムを提示しました。

美佳「家族はこんな風に描くのか」（ジェノグラムに興味を示したようで
　　　した）
ＳＣ「お父さんは何歳？」
美佳「多分、48歳。あまり、話さないし、はっきり知らない」
ＳＣ「仕事は？」
美佳「宅配の仕事みたいだけど、詳しくは知らない。顔も合わさないし、
　　　口もあまりきかないし……」
ＳＣ「お父さんの誕生日は？」
美佳「知らない」
ＳＣ「それじゃ、お母さんは？」
美佳「生まれた年は知らないけれど、8月10日だったかな？」
ＳＣ「美佳さんの誕生日を家族に祝ってもらうことは？」

　誕生日のお祝いの風景は家族によっていろいろです。家族の関係や文
化などを確認する問いかけとして使ってみることができます。

美佳「お母さんがいる頃はケーキを買ったり、一緒に作った年もあった
　　　かな。毎年、誕生日を祝ってもらっていたけど、亡くなってから
　　　はないかな」

お母さんが亡くなったことに関して、確認できそうな話題がでてきました。

ＳＣ「お母さんが亡くなられたのは何歳の頃？」
美佳「2年前なので40歳ぐらいだったかな……」
ＳＣ「2年前はこんな感じかな」

2年前のジェノグラムになるように年齢を書き加えました。

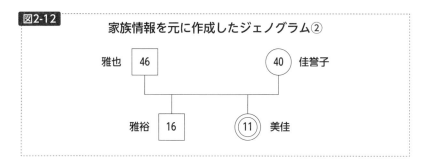

ＳＣ「四人家族の頃って、どんな様子だったのかな」
美佳「お父さんは今と変わらない。朝早くから仕事に行って、夜も遅かった。この頃から、ちょっとうざいなあと思ったし、たまに顔を合わせても、口をききたくなかった。お兄ちゃんとは、ゲームの話題でよく盛り上がった。でもアルバイトしたりして、家にはあまりいなかったかな。今は働いているし、夜も遅い」
ＳＣ「お母さんとはきょうだいみたいな感じだったの？」
美佳「お母さんはスーパーのパートで働いていた。夕食前には帰ってきていたので、晩ご飯を一緒に作ったり、作り方を教えてもらったり。たまには買い物も一緒に行ったりして仲よくしていた」
ＳＣ「お母さんは美佳さんのことをとても大切にしていたんだね。それじゃ、お母さんが亡くなって、ずいぶん寂しくなったね」

美佳「うん……」

　彼女の心情を想像しての言葉を発したのですが、美佳さんの言葉は止まってしまいました。ＳＣには予想外の反応でした。学校の先生をはじめとした周囲の大人が思っている「彼女は寂しい思いをしている」という物語と実際の彼女の物語はズレているのかもしれないと思い直し、改めて、母親が亡くなった時の具体的な様子を尋ねてみることにしました。

ＳＣ「とても大切にしていたお母さんが亡くなった時のことって、教えてもらえるかな」

　直球の問いかけなので、戸惑ったようでしたが、ゆっくりと話を始めました。

　彼女の話をまとめると次のようなものとなります。
　ある日の夕方、母がパートから帰宅した際、「頭が痛いので先に休む。食事はいらない。夕食の買い物はしてきた。父にだけは連絡しておくように」というやりとりの後、母は自室で休んだ。父とは口をきくのがいやだったので、父の帰宅時にわかるように食卓の上にメモを置いておいた。父は夜遅く、朝も早いので、別室で寝ている。多分、メモは読んだと思う。次の日の朝、登校前に母の部屋をのぞくと、横になっている姿が見えたので、「お母さんはまだ気分がよくないのだ」と思って登校。放課後、母の部屋をのぞくと、やはり横になっていたので、おかゆでも作って食べてもらおうと準備をして、母の横まで持ってきたときに母の異変に気づき、あわてて父に連絡した。

　彼女にとってはつらい話でしたが、淡々と話してくれました。ＳＣが「思い出させて申し訳ない。つらかったね」と言うと、「それよりも、そ

の後がもっとつらくしんどかった……」と続けました。

　「どうして？」と問いかけた後、再び話し続けたのは次のような内容でした。

美佳「お母さんが亡くなった後、通夜や告別式の時に、お母さんの方の
　　　親戚が『あの時、あの子がちゃんとしていたら、こんなことにな
　　　らなかった』というようなことを言っているのが聞こえて……」

　『あの時』というのは、お母さんが帰宅後「頭が痛い」と言った時です。
『あの子』は美佳さんのことです。母方の親戚がひそひそと話す言葉か
ら、彼女は「自分が大切なお母さんを殺した」という思いになったとの
ことでした。つまり、「自分がお母さんを殺した」という物語を築いてし
まうことになったのです。

　ちなみに、母親の死因は脳内出血とのことでした。しかし、帰宅した
母親の言葉から、小学生が「脳内出血」を疑って、電話をするのは難し
かったとしても不思議ではありません。

　母親を亡くした喪失感のサポートだけでなく、その後のサポートもな
いまま、2年間近くを過ごしてきた彼女の人生のつらさに心を揺さぶら
れる思いが湧いてきました。
　改めて、次のような問いかけをしてみました。

ＳＣ「ところで、お母さんのお墓や遺骨は？」
美佳「お墓がどこにあるかは知らない。遺骨は家の仏壇に置いている」

　何らかの事情があって、納骨はされていないようでした。美佳さんに
すれば、「お母さんを殺したのは私」という思いを持ち続ける中で、母親
の遺骨を毎日目にするのは、とてもつらいことだということは想像に難
くありません。兄や父親が帰宅するまでの夜の時間はどんなにかつらく、

　　　　　　　第2節　児童分野におけるジェノグラムの活用

長く、心細かったことか……。

　美佳さんは、何らかのきっかけから、繁華街を歩くことになり、他校の生徒と交友が広がることによって、壊れそうな心を支えていたのです。

　美佳さんの行動については、「寂しさを埋め合わせるため」「紛らわせるため」「現実逃避」等という物語で語ることもできるかもしれません。その是非はともかく、美佳さんの物語を丁寧にたどるきっかけを作ったのがSVで示唆されたジェノグラムの活用でした。

　SCにとっても、家族の歴史の一コマや拡大家族を作成することによって、彼女の置かれた心情をより深く理解できました。家族の物語はいろいろであり、SCや支援者が勝手に決めつけてはいけないこと、丁寧に聞かないとわからないことといった基本について、改めて気づくことになりました。

　最後に、次の言葉を伝えて、面接を終えました。
ＳＣ「つらいことをよく話してくれましたね。お母さんが亡くなったのは美佳さんのせいではないし、むしろ、これまでよく頑張ってきたと思う。これからのことを一緒に考えていきましょう」

■ その後の展開

　その後、中学１年の終わりまで、面接は定期的に続きました。ある回では、母親の三周忌が営まれたこと、お墓も購入され、納骨されたこと、毎月お墓参りに行っていることなどが報告されました。

　学級担任によると、彼女の校外での行動はあまり話題にならなくなり、SCとの面接を一旦終えることについても、「問題はありません」との返事が返ってきました。

コメント▶

　大切な家族を亡くした相談者の心の痛みや苦しみといった物語とその後の展開を尋ねることや丁寧に確認することは、慎重を要するとともに、大切な事柄となります。そのためにも、支援者は「喪失」についての理解も深めておきたいものです。

　この事例は中学生に対してジェノグラムを活用した事例です。ジェノグラムの利用については、中学生以上なら、本人と一緒に話題にするということもできるでしょう。
　ところで、児童虐待ケースでは、「ライフストーリーワーク」のツールとして、ジェノグラムを利用する場合があります。その際、大切なことは、支援者が対象児童の物語を作ってしまい、事実のように語りかけるのではなく、本人の記憶をたどりながら、家族の歴史（事実）をたどり、ジェノグラムを作成することです。その上で、本人の語りを大切に受け止めたいものです。

姉に依存する妹（母親）： 一人親家庭の息子の不登校相談

■■ インテーク面接：母親とその姉の参加

　A大学の心理相談室のシステムは相談の申し込みがあれば、まず、イ
ンテーク面接を行うことになっています。その後、相談を受理して継続
するか、他の機関を紹介するかなどをスタッフが協議することになって
います。

　相談はインテークに特化した担当者と継続相談の担当者に分担してお
り、相談申し込みの際に、相談システムについて説明することになって
います。

　インテーク面接に来たのは、不登校の中学生の息子を持つ母親とその
姉でした。面接申し込みの際、母親から「（私の）姉も一緒に……」と
いう希望がありました。母親の希望については「どうして母親の姉も同
行するのか？　不思議だなあ？」と感じたものの、インテーク面接を実
施することにしました。

　まずは、お互いの自己紹介をしました。

担当「担当の○○です。本日は初回面接ということで、主に相談に関す
　　る概要をお聞きすることになっています。よろしくお願いします。
　　まずはご家族の名前を教えていただけますか」

春奈「よろしくお願いします。私は小山春奈と申します。息子（太一）
　　のことで相談に来ました」

姉　「私は三田秋恵です。太一のおばになります。この人（妹の方に視
　　線を投げかける）の姉にあたります。太一はとてもよい子なので
　　すが、学校に行かなくなってからは、私とも顔を合わせなくなっ
　　て、心配しています。あの子のことを考えたら、夜も寝られない

時があって……。何とか、よろしくお願いします」

　自己紹介後、問いかけに対する答えは姉が中心となりました。春奈さんは口数も少なく、姉の話を聞いているような感じでした。心配なこと、解決したいことはという問いかけに対しては、太一君の不登校を何とかしたいという答えでした。不登校の経過や様子の概略は次のようなものです。

　小学校は特に問題なく過ごしていた。中学１年生の時、クラブで先輩とトラブルがあったのか、時々休むようになった。その時のことは春奈さんも知っている。２年生の時にも同じようなことが時々あったが、たまに、頭が痛いと言って休むことはあっても不登校が続くというようなことはなかった。３年生になって、先輩もいなくなったので、大きな問題もなく、過ごしてくれると思っていた。ところが、５月の連休が終わってからの家庭訪問で登校していない日が続いているということを学級担任から聞き、初めて知った。春奈さんは太一君よりも早く仕事に行くので、学校に行っているものと思っていた。春奈さんが帰宅後、太一君は何も言わない。これまで、嘘をつくような子ではなかったので、驚いた春奈さんは家庭訪問後、すぐに姉に連絡した。この間の様子を聞いても、太一君はほとんど答えないので、親としてどうしたらよいか戸惑っており、姉に言われて相談にやってきた。

　姉が中心となり太一君のことを話しました。担当者は、インテーク面接の最後に、改めて、家族情報の確認のための問いかけをすることにしました。

担当「今、一緒に住んでおられるのは？」
姉　「妹の春奈と太一の二人暮らしです。私は母と二人で、この人たちの近くに暮らしています」

担当「みなさんの年齢を教えてください」

春奈「私は38歳、太一は15歳です」

姉　「私は春奈の5歳上です。母はもうじき70歳になります」

　本日の話を受けて、相談スタッフが協議し、改めて、担当者を決めた上で、次回の日程などを伝える約束をして、インテーク面接は終了しました。

■■ インテーク面接を受けてのスタッフの協議

　継続相談の担当者を決める際、相談を進めていく上でのアイディアや意見が相談室のスタッフから自由に出されました。

・まずは、春奈さんだけの面接を進めていくのが適当だろう。姉については、姉の協力をお願いしたい時に来ていただきますというようなメッセージを伝えてみてはどうか？

・母子家庭のようだが、今に至る経過や母と子、それぞれの思いを丁寧に聞いてみることも大切ではないか？

・もちろん、母子家庭になった経過と不登校が関係あるかどうかはわからない。

・春奈さんから見た太一君のことも聞きたいが、できれば、彼自身の話も聞いてみたい。

・春奈さんが少しでも元気になれたら、太一君も面接に関心を持ってくれるのではないか？

・春奈さんには、ジェノグラムを提示して、家族のことを聞いてみてはどうか？　同じものを見ているといった形の方が春奈さんの緊張を和らげられるのではないか？

　協議の結果、継続相談の担当には春奈さんと同年代の女性スタッフを選びました。

■■ 春奈さんとの面接

　継続相談の第1回目は約束通り、春奈さんのみでやってきました。

　担当者が前回と変わったので、双方とも緊張しつつ、面接が始まりました。まずは、春奈さんが少しでも積極的に話してくれそうな趣味や仕事、生活の様子といった話題から問いかけました。その後、緊張がほぐれた頃に、次のような問いかけをしました。

担当「お母さんから見て、太一君はどのように映っていますか？」

春奈「母親思いのよい子だと思います。あの子にはずいぶん助けられました。二人で暮らし始めた時も、私のことをとても気遣ってくれました」

担当「彼と二人での生活はいつ頃、始まったのですか？」

　春奈さんは「離婚」という言葉ではなく、「二人の生活」という言葉に置き換えて話し始めましたので、担当者もその言葉を引き継いで、問いかけました。

春奈「息子が小学校3年生の2月の終わりに、今のアパートで暮らし始めました。その一週間前ぐらいに、離婚届にハンコを押しました。離婚を決めるまでには、何度も話し合いました。その時も、姉にはずいぶん仲介をしてもらいました。息子には離婚の事情をある程度は伝えました」

　母から「離婚」という言葉が出てきましたので、今度は、担当者もその言葉を使いました。

担当「離婚の事情は息子さんなりに理解していたということですか？」

春奈「そう思っていたのですが、最近になって、何度か離婚のことを取

り上げるようになりました。息子は離婚が納得できないという言葉を繰り返し、時にはしつこく言うのです。お母さんよりも自分の方が犠牲者だと……。納得できないと言われたら返す言葉がなくて（少し涙ぐむ）。その当時、姉が間に入ってくれたこともあり、今回も姉に頼みました。離婚のことが原因で不登校になっているのかとも……」

担当「お父さんと息子さんとはどのような感じでした？」

春奈「一緒に暮らしていた時はけっこう厳しかったと思います。でも買ってほしいものがあると父親に甘えていました。離婚後は、息子の方から父親に会いたいとは言いません。ただ、ゲームやパソコンなど、高価な物が欲しい時は父親に連絡しています」

担当「お父さんからのコンタクトは？」

春奈「会いたいと思ったら、突然、アパートにやってきたりします」

担当「不登校のことで、お父さんには？」

春奈「私から相談はしていませんが、姉が連絡して、一度だけ会ったことがあります。姉は離婚の時の証人でもあるので、何かにつけて気にしてくれています」

　またしても、姉が登場したので、春奈さんを取り巻く家族の物語を確認したいと思い尋ねてみました。

担当「お姉さんは、どのような存在ですか？」

春奈「私が結婚する時、私の家族は母と姉だけでした。父は私が中学生の時に亡くなっています。姉は看護師で独身です。母と同居して、世話もしてくれています。元夫は、結婚した時には両親とも亡くなっていました。おじやおばがいると聞いたことがありますが、両親とも再婚同士だったようで、しかも子連れ同士の再婚みたいでしたので、親戚関係は避けていました。そのような事情だった

ので、結婚式はしていません。何かにつけ、母と姉が力になって
くれました」

　結婚の話題が出てきたので、二人が知り合ったきっかけを聞いてみま
した。

担当「お二人が知り合われたのは？」
春奈「姉の紹介です。姉が勤めていた病院に出入りしていた業者の人で
　　した。あまり考えずに、結婚したというか……。結婚してから、
　　女性関係や金銭関係がルーズなことが次から次にわかって、結局、
　　姉の強い勧めもあって、別れることになりました。悪い人ではな
　　かったのですが、意思が弱いというか……」
担当「小山というお名前は？」
春奈「夫の名字をそのまま使っています。苦労はしましたし、喧嘩もし
　　ましたが、心から憎しみ合って、嫌いで別れた訳でもないし、息
　　子の学校でのことも考えると……。友達がたくさんいたので、同
　　じ小学校区内で引っ越しをしましたので……」

　担当者が予想していたよりも、春奈さんはよく話してくれました。
　面接の後半では、太一君の生活状況を確認した後、離婚が納得できな
いという彼の話を聞きたいので、面接への参加を誘ってほしいと春奈さ
んに頼んで、次回の面接の約束をしました。
　面接終了後に、担当者は情報を整理して家族のジェノグラムを作成し
ました（図2-13）。

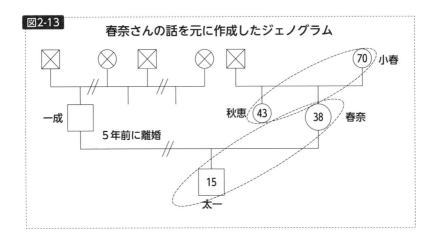

図2-13　春奈さんの話を元に作成したジェノグラム

一成
5年前に離婚

秋恵 43
小春 70
春奈 38
太一 15

■ 太一君の物語

　次の面接、担当者は太一君を待ちましたが、彼は来ませんでした。直前まで、面接に行くつもりであったようですが、ちょっとした母親との行き違いで、気分を害したため、欠席となったものです。

　春奈さんとの面接でその後の様子を確認したところ、犬を飼い始めたとの報告がありました。具体的に話を聞くと、太一君が突然犬か猫を飼いたいと言い出し、春奈さんと一緒にペットショップに行き、犬を選んだそうです。これまでは、欲しい物があれば父親に言うことが多かったのに、珍しく母親に言ってきたそうです。今のところは、毎日、ちゃんと世話をしており、犬のことを中心に春奈さんと話す機会が増えたことなどが語られました。

　その次の面接予定日に太一君はやって来ました。まずは、定番通り、担当者が自己紹介をし、太一君が話しやすい話題からという思いから、犬の話をしました。犬の世話で大変なことや犬を飼ってよかったことなど、思いのほか、話が続きました。

担当「ところで、犬の名前は太一君が考えたの?」

太一「あれこれ一生懸命考えたけれど、なかなかいい名前が浮かばなく
　　　て、結局、とても平凡だけれど、太郎にした。自分では気に入っ
　　　ている」

担当「平凡かもしれないけれど、とっても可愛い名前だと思いますよ。
　　　きっと君の思いが伝わっているね。ところで、君の名前は誰がつ
　　　けたのか知っている?」

　犬の名前の話から太一君の命名の話題に展開してみました。

　太一という名前は、父親の名前から一文字つけていること。父親が名
づけたことから始まり、父親の話題や父親と太一君とのやりとりなどに
話が広がりました。彼は時折母親の方に視線を投げかけるような仕草を
見せながら、淡々と担当者の問いかけに応えました。

　担当者と太一君との間に置いたのが次のジェノグラムです。

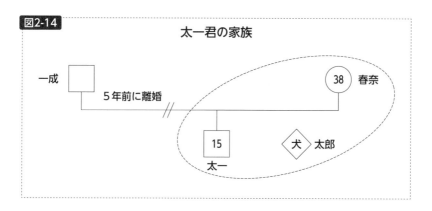

図2-14 太一君の家族

　やや強引かもしれませんが、思い切って、父親への思いを問いかけて
みました。

担当「お母さんからは太一君が離婚に納得していないと言ったり、自分
　　　の方が犠牲者だと言ったりするということを聞いているのですが、

君の思いを教えてくれますか?」

　その後、沈黙の時間が少し続いた後、言葉を選びながら話したのは次のような彼の物語でした。

　離婚について聞かされたのは、母と二人で生活する少し前だった。それまで、夫婦喧嘩してるのをよく見ていたし、別に驚くことはなかった。意外だったのは、名字が変わらなかったこと。何となくだけど、離婚すれば変わると思っていた。それと、離婚した後も、時々父から連絡があったり、父が姿を現すこと。父は自分には厳しかったけれど、よく遊んでくれたこともあったので、いやな思い出ばかりではない。だから、父と会うことはいやではなかったけど、離婚したはずなのにと思うと、どのように付き合ったらいいのかわからなくて、そのことが次第にモヤモヤし出して、自分の中で整理することができなくなってきた。お母さんに話しても、わかってくれないし、何か言ったら、すぐに、秋恵おばさんの名前を出して、助けを求めるし……。

　ジェノグラムでは、夫婦関係を断つ意味での二本の斜線(離婚マーク)が記入されています。さらに、母子二人を囲んだ図になっています。しかし、太一君の心には父親の存在のあいまいさが重くのしかかり、混乱している状況が語られることになりました。

　担当者と春奈さんもしばらくの間、ジェノグラムをじっと眺めていました。しばらくして、次のような春奈さんの言葉で面接を終えることになりました。

春奈「太一の思いを初めて聞いたように思います。改めて、父親とこれからのことについて話をしてみます」

　離婚にまつわる「名字」や「戸籍」及び「親権者」をどうするかは、単なる手続きの問題ではなく、決定にまつわる課題であり、決定の物語でもあるので、丁寧に確認することが大切です。

　春奈さんの場合、夫の名字のままにしたのは、何らかの思い（母親の物語）が存在したからです。一方で、離婚に伴う名字の選択をどのようにするかについて、母親の思いと太一君の思いの違いが生じ、そのことは両者の違いやズレの増幅に影響した可能性が考えられます。

　また、太一君が感じた父親への心情は、「あいまいな喪失」とそのことからくる混乱ではなかったかと思います。もちろん、本人はこのように意識していません。

　太一君への支援は、彼の心中に存在しているあいまいさの物語を受け止め、理解することからでした。その上で、彼のペースに合わせて、具体的な関わりを1つひとつ整理する作業を行っていきました。

　その際、視覚化されたジェノグラムは、あいまいなことを明確化するツールとしても役に立ちました。

mini column　あいまいな喪失

　「あいまいな喪失」とはBoss博士が提唱した概念です（ボーリン・ボス著、南山浩二訳『「さよなら」のない別れ　別れのない「さよなら」──あいまいな喪失』学文社、2005年）。あいまいな喪失は2つのタイプがあり、「身体的（物理的）には存在していないが心理的には存在している」タイプと「身体的（物理的）には存在しているが心理的には存在していない」タイプとがあるとされています。

　前者の例としては、誘拐、人質、不可解な失踪の他、養子や離婚で親と子が別れること、さらには実家を出て自立することや家族が施設に入所することなども含まれています。

　後者の例としては、認知症やアルコール依存などによる人格の変容、仕事オンリーで家庭を顧みない夫（父親）などがあります。そ

して、前者は「さよならのない別れ」、後者は「別れのないさよなら」と呼ばれることもあります。いずれにせよ、あいまいな喪失の渦中にある場合は、喪失そのものがあいまいなため、時間が止まったり、喪失の感情が複雑化したりするため、次のステップへの発展が止まってしまいます。

mini column 離婚にまつわる役所への手続き

【離婚届とともに決める必要がある事柄】

◆婚姻のときに名字（氏）が変わった人（配偶者）は、離婚後について、次の中から選ばなければならないとされています。

　①婚姻前の名字を名乗り、婚姻前の戸籍に戻る

　②婚姻前の名字を名乗り、新しい戸籍を作る

　③婚姻中の名字を名乗り、新しい戸籍を作る

　①や②の場合は旧姓に戻るということです。離婚届の該当欄に☑を入れます。

　③の場合は相手方の名字を継続するということです。離婚届とは別の届け「離婚の際に称していた氏を称する届」を加えて提出する必要があります。

注1　離婚届け時に「婚姻中の名字」を名乗るか決めていない場合は、「婚姻前の名字」に戻ることになるので、①か②を選択します。

注2　後日「婚姻中の名字」を名乗ると決めた時は、「離婚の際に称していた氏を称する届」を提出する必要があります。ただし、届出期間は離婚の日から３か月以内となっています。

注3　既に実家の両親が死亡して両親の戸籍がない場合には、婚姻前の戸籍に戻ることはできません。新しい戸籍を作ることにな

ります。

◆親権者：夫婦の間に未成年（20歳未満）の子がいる場合は、親権者をどちらか一方に決めてから離婚届に記入する必要があります。

◆離婚の場合の子どもの名字について
・離婚の場合、筆頭者の戸籍に筆頭者とその子どもが記載されたままになります。そのため、子どもの名字は変わりません。母親が旧姓に戻って、子どもの親権者として一緒に暮らした場合も、子どもは父親の戸籍に残り、父親の名字を名乗ることになります。
・子どもも母親と同じ名字にするには
　まず、母親は自分を筆頭者として新しい戸籍を作る（名字は旧姓でも結婚時の名字でもよい）。
　次に、子どもに住所地を管轄する家庭裁判所に「子の氏の変更許可」を申し立てる。
　家庭裁判所での審査を受け、許可を得た場合は「許可審判書」が交付される。
　「許可審判書」と新しい戸籍（母の戸籍）に入るための「入籍届」を役場に提出する。
　なお、「子の氏の変更許可」は子ども自身か子どもが15歳未満の場合は親権者である法定代理人が申し立てる。

注　民法や戸籍法においては、名字や姓名ではなく「氏」という表記が使われています。法務省をはじめとした都道府県や市町村のHP、あるいは関係書類（提出書類）にも「氏」が使用されています。ただし、本書では、一般的な表現として、「名字」という表記を使っています（087ページも同様です）。

家族の中で居場所がない女子高校生：
ステップファミリーの課題

■ 高校からの相談（通告）

　学校を欠席しがちな高校3年生の茉奈さんを気にかけた学級担任が、携帯電話で近況を確認したところ、「家から出て、繁華街にいる」と言ったので、「虐待の疑い」を心配して、市の担当者に相談（通告）しました。

　担当者が母親に連絡すると、電話口で「茉奈は高校入学後、進級するごとに、帰宅しない日や朝帰りの日などが頻繁となり、最近では1週間家にいないときもある」と話し、家のお金を持ち出すようなことも度々あり、そのことが原因で、半月前ぐらいには「お前なんかどこでも好きなところに行ったらいい！」と言ったとのことでした。さらに、「茉奈に対する私たちの言動は虐待ではない、しつけです」としきりに強調し、彼女の問題点を次から次へと述べるといった様子でした。

　親子関係の修復には時間がかかりそうだと思った担当者は、とにかく、学級担任の協力を得て、高校で茉奈さんとの面接を設定しました。

■ 本人が語った家族模様

　初回面接での茉奈さんは戸惑っているのか、緊張した表情でした。しかし、受け答えや話す内容ははっきりしており、知的活動の高さをうかがわせました。

担当「最近の出来事について、まずは教えてくれますか？」

　近況を確認することから関係づくりを始めました。

茉奈「昨日の夜の出来事は、親子喧嘩。友達と携帯で夜遅くまで話した

後、ゲームを続けていたら、突然、母親が自分の部屋に入ってきて、怒鳴り始めた。言い合いになって、さらにエスカレートしたところに、今度はあの人が入ってきて、いきなり殴られた。これまでも同じようなことが何度もあって、頭にきたから、昨日も家を出た」

「先週は、妹とゲームのことで喧嘩していたら、突然、あの人が殴りかかってきた」

殴られたことや「あの人」という言葉が気になったものの、彼女は「担任の先生には、あの人に殴られたことは黙っておいてほしい」と懇願したので、家での様子を確認しました。

担当「いつも家ではどうしてるの？」

茉奈「一人でいるのが好きなので、家では自分の部屋に閉じこもっていることが多い。でもそれが、家族にしたら、『茉奈だけ何もしない』となって、家のことを何も手伝わないと言って、家族と口喧嘩になることが多い。元々、家にもいたくないので、アルバイトをいっぱい入れて、夜の10時から11時頃にしか帰らない」

担当「それじゃ、晩御飯はどうしているの？」

茉奈「アルバイト先で食べるか、帰宅してから残っているものを食べる。でも、家ではほとんど食べないかな。たまにアルバイトがない時は、アルバイト代で何か買ってきて、自分の部屋で食べることもある」

家族の中で居場所がないことが想像されました。そこで、家の間取りについて、尋ねてみました。

担当「あなたの部屋はどこ？　部屋の中には、どんなものがあるの？」

　第2節　児童分野におけるジェノグラムの活用

茉奈「以前は物置に使っていた2階の小さな部屋。部屋にはベッドと机とタンスしかない」

担当「他に2階は誰が使っているの？」

茉奈「妹と弟で一部屋と親はそれぞれ一部屋ある」

　話をしながら、茉奈さんが作成したのが次のような間取り図でした。

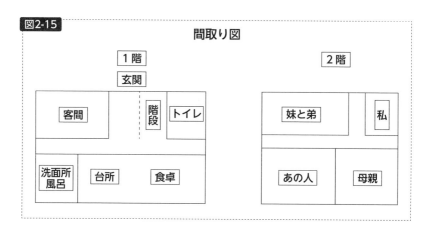

図2-15　間取り図

1階

玄関

客間　　階段　　トイレ

洗面所風呂　台所　食卓

2階

妹と弟　　私

あの人　　母親

　間取り図を作成してみると、日常の生活がイメージしやすくなりました。帰宅しても、家族の誰にも会わずに、自室に行く茉奈さんの行動がすぐに思い浮かびました。

　茉奈さんとの共同作業に入るための種まきとしての間取り図を完成した後、「両親との確執」の話題につながるかもしれない家族のことについて、尋ねてみることにしました。

担当「学級担任の先生からは、茉奈さんの家族のことについては詳しく聞いていないので、先ほどから話題に出ていた妹さんなど、家族のことについて教えてくれますか」

茉奈さんが話した家族（継父：笹山進一、34歳、母：文美、36歳、本人：茉奈、17歳、妹：鈴鹿、10歳、弟：海、8歳）をジェノグラムにすると次のようなものになりました。

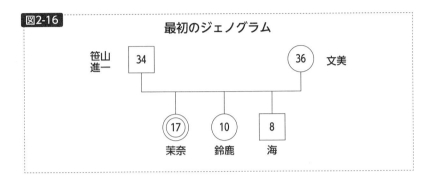

図2-16
最初のジェノグラム

担当「これで合っていますか？」
茉奈「なんか、少し違うような気がする」

　その後、彼女が語ったのは、次のような家族の歴史であり、物語でした。
　私が5歳の頃に実の両親が離婚した。父親が家を出て行った。離婚の事情については、詳しく聞かされていない。今さら知りたくない。その後、引っ越しして、しばらくは母と二人で暮らしていた。当時の名字は谷山。母の旧姓と聞いたことがある。いつの頃からか、あの人が家に出入りするようになった。小学校に入る少し前に母が再婚して、隣の町で、あの人と一緒に暮らし始めた。それまでの谷山から笹山に名字が変わった。家に出入りする頃から、おじさんと呼んでいたので、一緒に暮らしてからも、お父さんとは呼べなかった。今も家では呼んでいないし、学校などでも、あの人という呼び方。妹は一緒に暮らし始めて、すぐに生まれた。

　彼女の話を聞きながら、修正や追加を加えたのが、次のジェノグラム

　　　　　　　　　　　第2節　児童分野におけるジェノグラムの活用 ■

です。ジェノグラムを見ると、彼女の話はさらに加速しました。

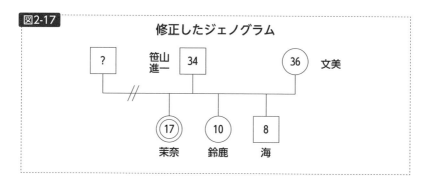

茉奈「親は特に妹のことをとても可愛がった。もちろん、弟のこと
　　も……。自分には、姉だから妹や弟の面倒をみるように強く言う
　　けれど、親らしいことは何もしてもらっていない。母は勉強のこ
　　とだけはうるさく言うくせに、高校卒業後、進学したいなら好き
　　にしたらいいけれど、お金は一切出さないと言う。あの人とはほ
　　とんどしゃべらないし、何を考えているのかよくわからない」

　その後も茉奈さんの話は続きました。今日の結論としては、一旦、家
に帰ること。しかし、今後も同じような親の対応が続いたり、暴力が激
しくなるようであれば、必ず連絡してくること。また、そのような場合
には、担当者から児童相談所への通告もあること。児童相談所が対応し
た場合には、家から離れた生活もありうること（一時保護や施設入所や
里親委託等）等を説明して、面接を終えました。

■ 振り返り

　その後、茉奈さんから連絡がありました。親の言動は変わらず（親は
「しつけ」と主張）、家族関係の修復は難しいという判断と本人の意向（家

族と距離をとって考える機会が欲しいということと大学進学を目指したい）を尊重した結果、里親委託となりました。

　結果についての是非はともかく、彼女の物語の一端を引き出したのは、「間取り図の作成」と「ジェノグラム」という「見える化」できるツールでした。

`mini column` **再婚にまつわるミニ知識** ─────

◆母親が親権を持ち、母親の戸籍に子どもが入っている場合に母親が再婚する時は、次の検討をします。

　　①子どもの戸籍を再婚相手と一緒にするか、別にするか？

　　②子どもの名字を再婚相手と一緒にするか、別にするか？

　〔具体的には：男性の戸籍に入る場合〕

・母親は婚姻届を出すことによって、男性の戸籍に入籍しますが、自動的に子どもも同じ戸籍（男性の戸籍）に入るわけではない。手続きをしなければ、母親だけ元の戸籍から抜け、子どもは元の戸籍に残る。

・母親の子どもも男性の戸籍に入れるには、入籍届を役場に提出する必要がある。

・法律上、男性の実子と同じ扱いにする（財産の相続権など）には、子どもと男性との養子縁組の手続きをする（戸籍上は男性の養子）。

・再婚相手の名字だけを名乗らせたい場合（再婚相手の戸籍には入れない）は、養子縁組ではなく、「子の氏の変更許可」の申し立てをする。

◆離婚にまつわる「名字（氏）」や「戸籍」及び「親権者」をどうするかと同じように、再婚に伴う手続きをどうするかも決定にまつわる課題であり、決定の物語です。時には、丁寧に確認することが大切です。

事例 Ⅶ

20歳のひきこもり男性の歴史をたどる：引き継ぎケースの相談

■ 家族歴からジェノグラムを作成する

　ひきこもりセンターの相談員から、引き継ぎケースを担当するにあたり、家族や本人の理解を深めたいので、アドバイスが欲しいと相談がありました。前任者は父親との面接を月1回程度（約2年間）実施していました。

　まずは、相談員が持参した家族情報からジェノグラムを作成。その際、留意したのは、ひきこもり男性（本人）を中心にしたジェノグラムの作成です。本人の物語に思いを巡らせてみることが理解の第一歩になると思ったからです。

家族　父親：正明（40歳）、本人：達也（20歳）、祖母：貴美子（68歳）
主訴　子どものひきこもりと将来について
達也君の成長に即した家族に関する情報
　　　1歳2か月まで：父母と達也君の親子三人は可織さん（母親）の実
　　　　　　　　　　　家で同居（図2−18）
　　　　　　　　　　　可織さんと可織さんの母親との折り合いが悪くな
　　　　　　　　　　　り、親子三人は正明さんの実家に転居（図2−19）
　　　1歳6か月頃　：正明さんの就職に伴い、親子三人が転居（図2−
　　　　　　　　　　　20）
　　　1歳9か月頃　：正明さんが仕事の都合により単身赴任となる（6
　　　　　　　　　　　か月後戻る）（図2−21）
　　　4歳頃　　　　：両親が離婚（正明さんが達也君を引き取り、正明
　　　　　　　　　　　さんの実家に戻る）（図2−22）

6歳頃	：正明さんの両親間の揉め事（DV）が激しくなり、正明さんの母親は離婚を決意する（その後離婚）離婚に伴って、正明さんと達也君、さらには正明さんの母親と姉も一緒に暮らすことになる（新しい家に引っ越す）（図2-23）
小学校	：主として、正明さんの母親や姉が学校行事に参加する。高学年から不登校傾向が見られるようになる
中学校	：友達は少なく、3年生になり、完全に不登校となる
高校	：通信制高校に入学するが、スクーリングには行かず、自室からも出ない状況が続く

■■■ 文書情報をジェノグラムとして「見える化」する

　達也君の年齢に沿って、ジェノグラムを提示していくことを提案しました。ジェノグラムは、次のようなものになります。

　まずは、達也君が生まれた頃の同居家族です。可織さんの実家に住んでいました（図2-18）。

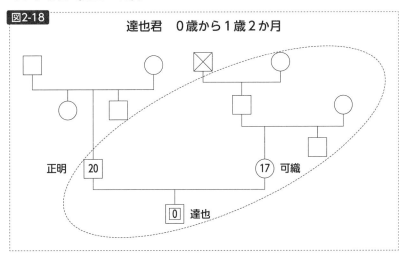

図2-18

達也君　0歳から1歳2か月

正明　20　　17　可織

0　達也

達也君が１歳過ぎに可織さんと母親の折り合いが悪く正明さんの実家で同居することになりました（図２−19）。

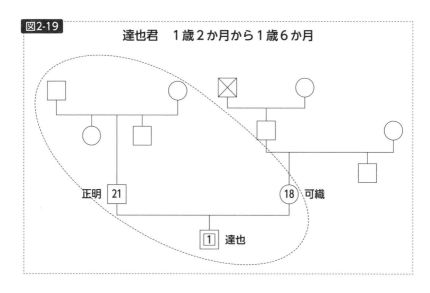

図2-19　達也君　１歳２か月から１歳６か月

　しかし、その数か月後、正明さんの就職に伴い家族三人の生活となります（図２−20）。

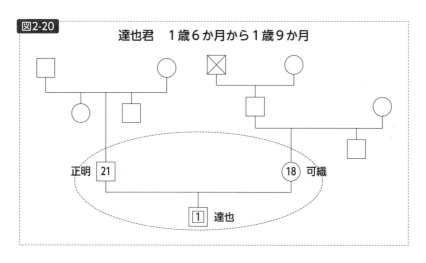

図2-20　達也君　１歳６か月から１歳９か月

親子は1年半の間に3回暮らす場所が変わっています。

転居はこれまで馴染んだ人や環境などの生活場面からの喪失です。遠くへの転居となると、地縁や血縁が薄い地域で暮らし始めるということになるので、まずは、大人の方がかなりのエネルギーを要したのではないかと考えられます。さらに、正明さんが単身赴任となります（図2－21）。

単身赴任の決定がどのようになされたのかも大きな関心ごとです。正明さんの単身赴任により可織さんに大きな負担がかかったことでしょう。

結局、2歳までの間に、達也君は4回も暮らす場所や人が変わっていることになります。母親とは一緒に暮らしていましたが、母親自身のメンタル面を考えると、達也君へのサポートがどのようになされていたかは気になるところです。彼自身は記憶に残っていないでしょうが、彼自身の居場所のなさといった物語の序幕は始まっていたのかもしれません。

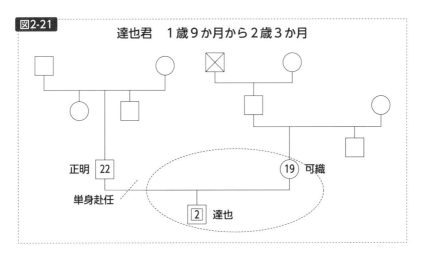

図2-21　達也君　1歳9か月から2歳3か月

4歳の頃、これまで一緒だった母親が離婚に伴い、いなくなりました（図2-22）。正明さんの実家は以前住んでいた場所ではありますが、母親がいなくなった後の生活が不安だったことは容易に想像できます。この年齢ぐらいから、安心できる人や場所が続かないという彼なりの物語が心の中で積み重なっていったのではないでしょうか？

　ところで、母親が引き取らずに父親が引き取ったというのには何か事情や理由があるのかもしれません。このあたりは、大人の物語として、確かめてみたいものです。

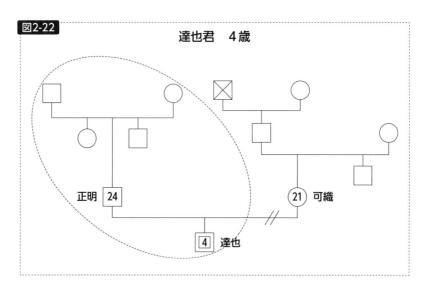

図2-22

達也君　4歳

正明 [24]
可織 (21)
達也 [4]

　さらに2年後、正明さんの両親の離婚に伴い、正明さんの母親と姉と達也君の四人の生活が新たな場所で始まります（図2-23）。ちょうど、小学校に入学前のことでした。

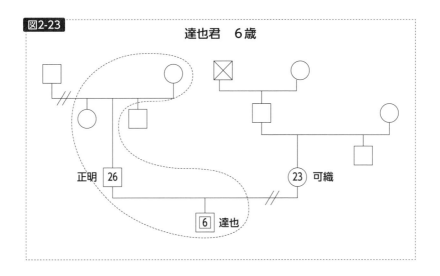

図2-23　達也君　6歳

正明 26　　　　　23 可織

6 達也

■ 振り返り

　達也君の現在の家族は図2－24のようになります。面接に来ていた正明さんとの話題として、現在の状況を中心に展開してしまうと、「なぜ、自室から出ないのか」「なぜ、ひきこもっているのか」といった考えに陥りやすくなります。また、時には、本人に原因や責任を求めてしまいます。

　達也君の場合、大人には大人の事情や物語があったのでしょうが、達也君は周囲の大人に振り回されていたといっても過言ではないでしょう。安心できる人や場所が確保されないまま、大切な幼児期を過ごしてきたことは容易に想像できることでした。

　正明さんとの面接において、達也君の成長に沿ったジェノグラムを提示してみることを提案したのは、一緒に暮らす正明さんが達也君に対する原因追求的な考えではなく、達也君の思いへの理解を深めようとするスタンスに変わることを意図したものです。

　家族の変化をたどり、特に、その時々の達也君の思いを丁寧にたどる

際のツールとして、０歳からの節目ごとのジェノグラムを作成してみました。

　担当者は、実際に数回にわたり、家族の歴史を遡っていくという面接を行いました。これまでは、達也君に対して、「なぜひきこもっているのか！」といった頑なな思いが強かった正明さんですが、「達也もしんどかったのかな」といった言葉が聞かれるようになってきたという変化が報告されるようになりました。

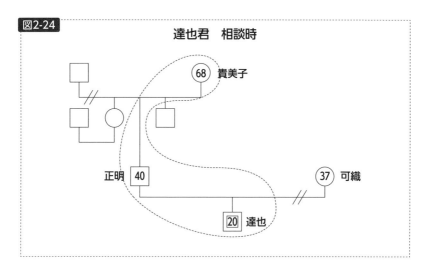

図2-24

達也君　相談時

第3節　障がい分野における
　　　　ジェノグラムの活用

❶ はじめに

　この節では、障がいのある人を地域で暮らす人として支援するための
相談面接を業務とする担当者として、行政の障害福祉担当課職員、相談
支援事業所の相談支援専門員、障害福祉サービス事業所の相談員、医療
ソーシャルワーカーなどを想定しています。

　障がい特性や個別の生活ニーズは、個々さまざまで制度やサービスあ
りきの相談では成り立ちません。どんな障がいのある人も地域で暮らす
住民として個々の生活ニーズに合った暮らしの支援を必要としていま
す。そのためには、生活や家族、生活している場所や地域にも着目でき
る多面的で丁寧な包括的アセスメントが欠かせません。

　しかも対象は、乳幼児から高齢者と全世代にわたり、障がい種別も疑
いや不安を持つ人も含めた幅広い人々になります。さらに障がい当事者
の家族への支援も必要となることが多いでしょう。未だに家族が抱える
負担の大きさは計り知れません。ここで家族に着目するのは、家族がす
べて引き受けなければならないということではありません。しかし、援
助を考える際、当事者に限定するのではなく、家族にも広げることはと
ても重要な視点の変換といえるでしょう。その際に家族関係を見える化
したジェノグラムは有効なツールとなります。

❷ 障がいに関わる相談の際、心得ておきたい点や工夫

① 障がいに関する課題に出会った時期と物語を確かめる

まずは、個人や家族の歴史の中のどの時点で、「障がい」に関する課題と出会ったか、そして、そのことを本人や家族がどのように受け止め、展開していったかという点について、確かめるということです。子どもの障がいの場合は親の障がい受容の物語を、中途障がいの場合は本人の障がい受容と家族の障がい受容両方の物語を確かめるとよいでしょう。これらのことについて、家族情報を確認して、ジェノグラムを作成する中で、自然に話題にできれば何よりです。

② 拡大家族の思いや物語を確認する

ジェノグラムを前にすると、本人の思い（物語）だけでなく、親、祖父母やきょうだい（同胞）などの思いについても確かめたくなるでしょう。本人以外の家族の存在と影響力は家族全体の安定、ひいては、本人の安定にもつながるものとなります。そういった意味で、本人に対する人的環境としての拡大家族についても視野を広げておきましょう。以上のことにつながる問いかけの具体的な例として、以下のような質問（物語への問いかけ）をあげることができます。

（親に対して）「子どもの障がいに関して、初めて聞かれた時、どのように受け止められましたか？」

（本人に対して）「障がいが残ると聞かされた時、あなた自身はどのように受け止められましたか？」

　→一般的には「障がい受容」と呼ばれる課題（物語）についての問いかけ

「お母さんだけが大きな負担を背負われませんでしたか？」

→両親サブシステムの機能（物語）についての問いかけ
（車いすが必要となった妻に）「夫や子どもたちは、どんな受け止め方でしたか？」
　　　→夫婦サブシステム・同胞サブシステムの機能（物語）についての問いかけ
「祖父母は何とおっしゃっていましたか？　子育てにはどのような影響がありましたか？（協力的でしたか、非協力的でしたか？）」
　　　→拡大家族（三世代）に視野を広げた問いかけ
「上の世代の方たちや親類の方たちの反応はいかがでしたか？」
「他のきょうだいはどのような思いだったのでしょうか？」
「他のきょうだいについて、配慮されたようなことはありますか？」
　　　→きょうだいや親子関係（物語）への問いかけ
「今後、本人とどのように暮らしていけたらよいと思われていますか？」
「今後、どのような生活を思い浮かべられていますか？」
　　　→家族の物語の再構築（例：悲しさから明るさへ）に関する問いかけ
　　　　（家族イメージの喪失と再構築への聞き取り）

③　専門機関のサポート状況やサービス決定に関する物語を確認する

　子どもの障がいの場合は、出産・育児、発達の支援を行う行政の母子保健担当の保健師、助産師、医療機関のスタッフなどとの関係性やサポートの内容についても確認が必要です。

　また、障がいに関するサービスは、就学前の場合は保育所、児童発達支援サービスの利用、就学後になると教育場面の選択（普通学級、特別支援学級、特別支援学校）や放課後等デイサービスの利用、さらには、成人の日常生活場面や社会参加活動場所の選択等さまざまです。発達段階やライフステージごとのサービス利用に関わる決定を本人・家族（親）は求められます。

「決定のプロセス」に関連して、本人・家族に生じるさまざまな思いは、家族メンバーそれぞれの物語として、展開していくことになります。また、お互いの思いがうまく交錯することもあれば、ズレや乖離が生じてしまうことも少なくありません。

障がいのある人の成長（節目）や歴史につながる物語を理解する上でも、さまざまな機関やサービス利用に関する「決定」をキーワードに家族の理解を深めたいものです。

④　生活している地域と本人・家族の関係に着目する

どんな障がいのある人であっても、住民としての暮らしがあります。暮らしている地域の関係性の中で本人の生活を知ることが必要です。

ここではジェノグラムとともにエコマップの活用をお勧めします。

❸ 障がい分野における相談面接の実際

事例 I

孤軍奮闘する母親：
子どもの発達の遅れに関する相談

　母親（奈緒）からの相談は「多動な長女に手を焼いている。一時的にでも預かってもらえるところはないか」というものでした。家族について尋ねると、「今は私たち夫婦と就学前の長女と2歳になる次女との四人家族です」という返答がありました。

　「今は」という言葉について確かめてみることにました。

担当「今は……と言いますと……」
奈緒「結婚当初、私の両親と同居していました」

　母方両親と同居と聞いた時点で、何らかの訳があるのかと思い、続いて、家族の物語を尋ねてみることにしました。

担当「一緒に暮らすようになったのは……」
奈緒「実は、長女の妊娠がわかってから入籍したのです。当時、夫は定職にもつかず、フリーターのような暮らしでしたので、見かねた私の両親がとりあえず実家で暮らすようにということで……」
担当「二人が何歳の時ですか？」

　奈緒さんの話を聞きながら作成したのが、図2－25のジェノグラムです。

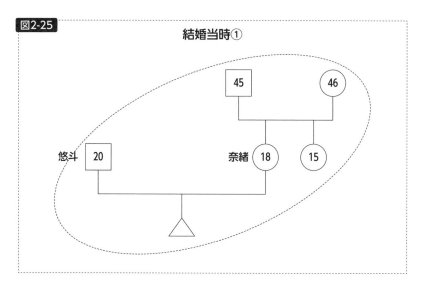

図2-25   結婚当時①

担当「悠斗さんのご実家は？」

奈緒「夫の家は母子家庭でした。結婚そのものを反対されたので、夫の
　　　実家とはまったく疎遠となっています」

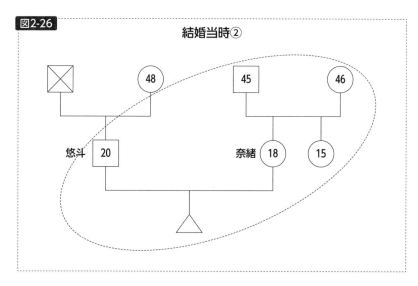

図2-26   結婚当時②

現在は、長女と次女との四人の生活なのですが、結婚当時のジェノグラムを前にすると、奈緒さんは当時のことを思い出したのか、その時の気持ちや自分の物語を話し始めました。
　奈緒さん自身は、両親（特に父親）との関係が悪く、本当は妊娠をきっかけに、実家から出たかったとのことでした。

担当「ご両親との関係が悪かったというのは……」
奈緒「妹は小さな頃からよくできる子で可愛くて、両親の自慢の子でした。それに比べて私は姉なのにいつも馬鹿にされていました。それでもお互いに小学生の頃は、姉妹の仲は悪くはなかったのですが、中学校に入ってからは、お互いに口もきかなくなりました」

　奈緒さんが育った家族の中での親の偏愛やきょうだい葛藤がうかがわれる奈緒さんの物語でした。

奈緒「親や妹とのことは誰にも言わなかった。初めて、聴いてもらいました」

　ホッとした表情が印象的でした。
　両親から、中絶は反対され、奈緒さん自身も望んでいなかったので、経済的なことを考え、やむなく同居を選択せざるをえなかったとのことです。
　とはいえ最初は、初孫の誕生を両親は素直に喜んでくれたそうです。しかし、長女は幼い頃から育てにくく、夜泣きだけでなく、昼間のパニックなども激しくなり、土日もゆっくり休んでいられないと両親が訴え始めました。さらに、長女の健診で保健師さんから発達の遅れを指摘された上、発達の遅れが顕著になるに従って、両親から「お前の育て方が悪い」と責められたり、落ち着きがない長女にきつくあたるなどといった

様子が頻繁に続くようになりました。最初は初孫として好意的だった両親も、1年ほど経過する頃から長女や夫に対してさらに疎ましそうに接するようになっていきました。夫は子育てに協力せず、いつまでも定職につこうとしないので両親の夫に対する評価は著しく低くなっていき、ついには長女の落ち着かない原因は「父方の家系の問題」と言い出し、日に日に家族の関係が悪化していった状況などが語られました。

奈緒「夫は子どもとどのように関わっていいのかわからないというのが　　　ベースにあるのだと思います」

　奈緒さんの言葉からは、夫のことを理解しているように感じられました。

奈緒「悪い人ではないのですが、両親と同居していた頃は、改めて夫婦　　　で話をすることも少なかったと思います。子どものことは私に任　　　せっきりでしたので、私の支えになってくれたかというと、その　　　点は不満でした」
奈緒「あれこれ考えたり、保健師さんとも相談した結果、結局、次子の　　　妊娠をきっかけに、思い切って家を出ることにしました」
奈緒「私自身、夫にはしっかりしてもらいたいという思いもありました　　　し……。経済的には大変でしたが、現在の四人暮らしを選んだこ　　　とはよかったと思っています。夫は半年前から定職について、経　　　済的にも安定してきました。ただ、下の子どもに何かあった時や　　　たまには私自身が子育てから距離を置きたいと思った時に、頼め　　　るところがなくて……。双方の実家はあてにできないので……」

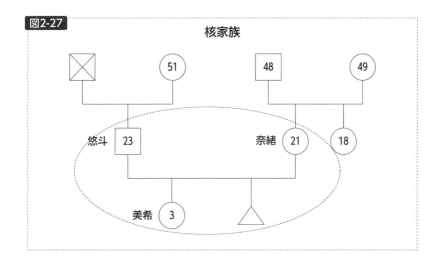

図2-27　核家族

■■ 振り返り

　奈緒さんの最初の訴えは「子どもを預けたい」というものでした。

　奈緒さんが語った妊娠・出産・同居などの歴史をたどっていくと、奈緒さんが育った家族（特に両親）の中での課題が未解決なまま、現在に至っていることが明らかになりました。特に、若くして結婚した夫婦に対する両親の協力の欠如が増幅していくエピソードも語られました。さらに、障がいに対する無理解も重なり両親との関係が一層複雑になっていった物語が浮かんできました。

　奈緒さんの歴史の一端を自然に引き出したのがジェノグラムです。担当者はジェノグラムを挟んで奈緒さんの語る物語を聴き、たどることによって、奈緒さんの孤軍奮闘の様子が具体的にイメージできるようになりました。

コメント▶

　乳幼児の子育てを担う母親のサポート役は、各地域の保健師や子育て相談室のスタッフや専門職です。これらの関係者には、母子関係だけでなく家族関係（核家族・三世代家族）全体の理解と支援を考えるといった視点が不可欠です。

　奈緒さんは子どもの発達の遅れの課題については、核家族になることによって、両親で課題を共有していこうという道を選びました。一方で、三世代同居時代に保健師などが支援することによって、家族調整ができたかもしれません。いずれにせよ、子育て中の親を支える専門職として、家族全体を視野に入れる視点を忘れないようにしていきたいものです。

自閉症の兄がいる妹：
障がいときょうだい関係に関する相談

　母親から、息子の特別支援学校高等部卒業後の進路に関する相談の際に妹の相談があり、妹の相談の方に多くの時間を要することになりました。

　兄（勇樹、18歳）は自閉症があり、就学前は療育教室、小中学校は特別支援学級、高等部は特別支援学校に在籍。幼少時から、言語的コミュニケーションに課題がありましたが、激しいパニックや自傷などもなく、穏やかな印象の子どもでした。

　自閉症と診断された幼児期から、母親（光子、35歳）としては少しでも課題を克服したいと、専門のクリニックや療育教室だけではなく、水泳教室や感覚統合訓練など、考えられるさまざまなトレーニングに通ったということです。

　相談の場での光子さんの第一声は、「卒業後の社会的参加の場が確保できるようになりました」でした。一方で、「兄のことは安心なのですが、妹が……」と話されたので、家族の話を聞きながら、ジェノグラムを作成することになりました。なお、父親（吾郎、48歳）は大手商社のエリートサラリーマンとして、2年前から海外に赴任中とのことです。

　妹の江梨香さんは兄より3歳下の中学3年生。幼稚園の頃から兄が利用している水泳教室に連れだって通いました。小中学校ではテニスクラブに属し、とても活発な子どもだったそうです。しかし、中学2年生の夏頃から不登校気味となり、3年生になるとぱったり登校しなくなったばかりでなく、食事の場面以外は自室に閉じこもることが多くなったので、母親の心配ごとは兄よりも妹にシフトされたのです。

　母親としては、聞き分けがよく、とても活発だった江梨香さんの急激な変化が信じられないといった様子でした。

光　子「本当は兄のことよりも、江梨香のことを相談したいのですが……」
担　当「それでは、次回、江梨香さんを誘って来ていただけますか？
　　　　ぜひ、江梨香さんの話を聞きたいと言っていると伝えていただ
　　　　いてもかまいません」

　「聞き分けがよく、とても活発な子」というのは、光子さんの物語です。
江梨香さんの物語を直接確かめてみたいという思いで、来所を誘いかけ
てみました。

■■ 母親と娘の面接

　2週間後、「来ないかもしれない」という担当の予想に反して、江梨香
さんは元気そうな姿で母親と相談にやってきました。

担　当「今日はお会いできてうれしいです。よく来てくれました」

　担当者がねぎらいの言葉をかけると、少しはにかんだ様子が見て取れ
ました。担当者としては、相談の呼びかけや設定自体は嫌ではなかった
のかもしれないとホッとしました。続いて、最近の日常生活の様子を話
題にしました。意識して江梨香さんに声をかけるようにしたところ、横
に座っている光子さんは心配そうに二人の様子をうかがいつつ、必要な
時しか口を挟まないようにしているのが見て取れました。

担　当「前回、お母さんから家族の話を聞いたのですが、こんな感じで
　　　　間違っていないかな？」

　前回の面接後に作成したジェノグラムを、あえて年齢を入れていない
まま本人に提示しました。

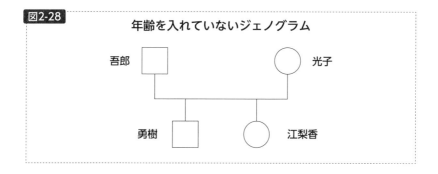

図2-28

年齢を入れていないジェノグラム

吾郎　光子

勇樹　江梨香

担　当「これまでで、一番印象的だったというか、江梨香さんの思い出
　　　に残っている出来事って、どんなことか教えてくれますか？
　　　何歳くらいの時かな？」

　江梨香さんが語れそうな思い出（物語）から家族の関係に話題を広げ
ることを考えた問いかけにしてみました。

江梨香「思い出に残っているのは、小学校6年生の頃かな。家族みんな
　　　でキャンプに行ったことかな。初めてテントで寝た。夜は星空
　　　がきれいで、お兄ちゃんも喜んでいた……」
光　子「キャンプのことはいつまでも心に残っているみたいです。その
　　　時の写真が机の上に飾ってあります。その年の秋だったか、私
　　　が急に入院することになりました。乳がんの疑いということで、
　　　しばらく通院してから検査入院だったのですが、数日間、家を
　　　留守にしたことで、長男がとても不安定になりました」
担　当「江梨香さんは、どんな気持ちだったか覚えていますか？」

　光子さんが語る話題はどうしても勇樹さんが中心となるので、江梨香
さんの思いについて問いかけました。

江梨香「不安定になった兄との生活はしんどかった……」

　その後語られたのは、現在の落ち着いた姿からは想像できない勇樹さんの家庭内でのエピソードでした。不安定な言動がしばらく続いたこともあり、検査入院後、しばらく光子さんは体調不安を感じつつも、これまで以上に勇樹さんのことを気にかけました。江梨香さんに対しては、しっかりしている子という思いがあったので、光子さんの関心はどうしても不安定な勇樹さんに向きました。

　江梨香さんは「とても心細く、寂しい思いをしたんです」と小さな声で語りました。

　さらに、江梨香さんの話が続きました。その頃の勇樹さんの不安定な行動は家庭内だけでなく、中学校や地域にも広がったようでした。江梨香さんが中学校に入学した時には、"あの子の妹"という目で見られ、いじめの対象になりました。しかし、母親を心配させたくないという思いから、学校での出来事はいっさい話すことができず、口数自体が少なくなっていきました。

江梨香「お母さんともあまりしゃべらなくなった」

　江梨香さんから見ると、光子さんは勇樹さんのことにはとても熱心でした。「よい子」の江梨香さんには関心を向けてもらえず、光子さんの入院時に感じた寂しさがさらに強くなったそうです。光子さんは時には大きくうなずいたり、深呼吸をしながら、江梨香さんの話を聞いていました。

光　子「兄のことばかりに関心が向いていたので、江梨香は心が休まらなかったのかもしれませんね。今日はよく話をしてくれたと思います」

子どもの物語に触れた光子さんは、自分なりに思うところがたくさん
あったようでした。その後、数回の母子の来所と面接を重ねて、お互い
の思いのズレの修復を試みた結果、江梨香さんの相談は終結となりまし
た。

> **コメント▶**
>
> 　親は、発達的な課題を持った子どもの子育てとともに、兄弟姉妹の子育
> てにも目配りを求められます。一方で、バランスよく子育てをするのは、
> 難しいことも現実です。
>
> 　例えば、発達の課題を有する本人にとっての兄や姉は保護者的な役割を
> 担うことが少なくありません。時には、「保護者代理としての子ども」と
> いう役まわりを期待されたり、実際に保護者代理を務めたりすることもあ
> ります。さらに、成長してからは職業選択にまで影響することもあります。
>
> 　弟や妹の場合は、発達的な課題を持つ兄や姉を理解することに時間を要
> する場合もあるでしょう。また、親の関心やエネルギーが兄や姉に向き、
> 「関心を持ってもらえない」「見向きもされない」という気持ちを抱くこと
> も多々あります。親の関心を引き付けるために何らかの行動を起こすとい
> うこともあるでしょう。
>
> 　きょうだいの順序にかかわらず、親から過剰な期待をされるということ
> もあります。親の作った脚本に合わせた物語を展開するように求められて
> しまうということです。
>
> 　いずれにせよ、ジェノグラムを作成した際には、「きょうだい（同胞）」
> にも目を向けるようにしたいものです。

事例 Ⅲ

長女（軽度知的障がい）の不安定な行動に悩む母親：家族の歴史をたどる両親（夫婦）面接

■ ジェノグラムを見て、訴えの背景にある家族関係に目を向ける

　母親から「相談に行きたい」と障がいの相談支援部門に連絡があり、初回の面接となりました。電話での受付の際に確認した家族情報は以下のようなものでした。

　父親（50歳、会社員、営業担当）、母親（49歳、スーパーのパート）、長男（25歳、公務員、他県で一人暮らし）、長女（22歳、軽度知的障がい、就労継続支援Ａ型事業所利用）の四人家族。

　初回面接には母親が来所。担当者は事前に聞いていた家族情報をジェノグラムに作成し、母親に示しながら話を聞くことになりました。

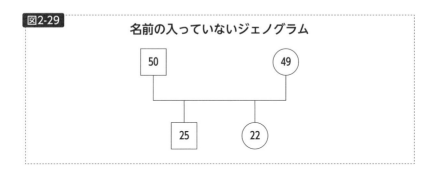

図2-29

名前の入っていないジェノグラム

　まずは、オーソドックスに名前の確認をしました。名前が記入されていないジェノグラムだからこそ、自然に名前を聞くことができました。それぞれの名前は、父親：哲司さん、母親：綾子さん、長男：哲さん、長女：綾香さんです。綾子さんと担当者の間に置かれたジェノグラムを前にしながら、命名や夫婦の出会いを話題にした後、本題に入りました。

担当「綾香さんのことが気になり始めたのはいつ頃からですか?」
綾子「気になり始めたのは3年ほど前からですかね」
担当「その頃、ご家族の中での変化はありましたか?」

　本人のことを話題の中心にすると、不安定な行動に焦点が当たってしまう可能性を強く感じた担当者は、あえて、本人の行動と家族の状況についての質問を投げかけてみました。綾香さんなりの物語があるのではないかと思われたからです。

綾子「3年ぐらい前ですかね。その頃、長男は就職が決まり、一人暮らしを始めました。夫は春から課長に昇格したこともあり、それまでより忙しくなりましたね。土日も家にはいないことが多くなりました。長女は今の施設に通い出して、1年経過したので、落ち着いてくれるはずだったのですが……。施設では問題ないようですが、家ではすぐにパニックになったり、興奮したりと……」
担当「3年前というと、皆さんの年齢などは、こんな感じですかね」
(担当者は用意していた別の紙に、3年前のジェノグラムを書き始めました)

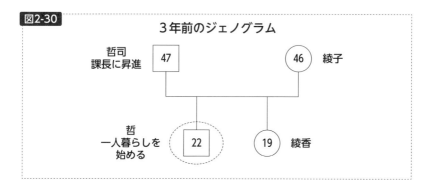

図2-30　　　　　3年前のジェノグラム

哲司
課長に昇進　　47　　　　　46　　綾子

哲
一人暮らしを
始める　　22　　　　19　　綾香

　そのジェノグラムをしばらく眺めた後、

綾子「そういえばこの頃、夫の浮気を疑ったことがあります。夫とは口喧嘩が絶えなかった時やまったく口をきかなかった時などもありました。娘は敏感なところがあるので、夫婦の不仲を感じ取っていたと思います。

　綾香さんの物語に触れるような話題の展開になることを予想していた担当者は、予想していなかった家族の物語がいきなり語られたので、戸惑ってしまいました。そこで、これまでの節目に出会った時の「決定」について、確かめてみることにしました。

担当「これまで、学校の選択や療育手帳の申請などの際には、ご夫婦でどのようなやりとりをされてきましたか?」
綾子「夫は仕事が忙しく、子育てや教育のことは私に任せっきりでした。二人で相談をしたかといわれると、ほとんど私の一存で決めてきました。いつも夫には結果報告のみという感じでした」

　その後、綾子さんの話に沿いながら家族や綾香さんの話題が展開していきました。面接予定時間の終了時、綾子さんに提案したのは「次回はご両親(夫婦)の面接をしたい」ということでした。
　夫婦お互いの思い(物語)の確認や共有からスタートすることが綾香さんの変化の第一歩につながるのではないかと担当者は思ったからです。

■ その後の面接：複数回の両親(夫婦)面接

　哲司さんが初めて参加した面接では、綾子さんとの初回面接で作成したジェノグラム(図2-30)を再度提示しました。その後、哲さんが誕生した頃のジェノグラムを作成し、その当時の話題を聴きました。次の回には、綾香さんが生まれた頃のジェノグラムを作成し、その頃の話題

を展開しました。いずれも、担当者は哲司さんから話し始めるように問いかけることに留意しました。例えば、「男の子が生まれた時、お父さんとしてどのような気持ちでしたか？」「その頃のことでお父さんとして一番印象に残っているのはどのようなことですか？」といった問いかけです。もちろん、担当者は哲司さんの面接への参加を最大限にねぎらうことも忘れないようにしました。

ジェノグラムを前にした家族の歴史をたどる両親（夫婦）面接は予想以上に話が弾むこともあり、何度か続けることになりました。もちろん、二人の葛藤や受け止め方のズレが明らかになることも何度か見られ、3年前の夫婦間の不和の話題が綾子さんから出された時には緊張感が高まりました。

しかし、お互いに顔を見合わせて「そうだなあ」という確認するやりとりは、面接を重ねるたびに増えていきました。さらに、「綾香は落ち着いてきている。親としても安心して見ていられる」との言葉も増えるようになっていきました。

■ 振り返り

綾香さんの不安定な行動と両親の不和や葛藤については、直接的な因果関係があるといえるかどうかは定かではありません。しかし、少なくとも、両親（夫婦）の関係の安定は綾香さんにとって、好ましいことに違いありません。

綾香さんの障がいについて告知された時や学校や進路の選択など、子どもの成長の節目と家族の状況を話題にする際、他のケースと同様、「見える化」したジェノグラムを提示しました。

「見える化」して共有することで、両親間の認識のズレを修正したり、お互いの理解を深めることにつながり、両親（夫婦）の歴史を肯定的に捉え直す一助になりました。

事例 Ⅳ

発達障がいのある兄弟：合同動的家族描画 （CKFD）を用いた大人の発達障がいの相談

「子どもたちとの会話がありません。家族のコミュニケーションについて相談したい……」そういって母親から民間のカウンセリング事務所に相談の申し込みがありました。

相談の主訴は家族間のコミュニケーションと将来についてでした。長男は発達障がいの特性を持ち合わせている可能性があると、これまで学校関係者から言われたことがあったそうです。しかし、詳しく診断を受けたことはありませんでした。

■ 初回面接

初回面接には家族全員で来られました。面接はジェノグラムを書きながら進めました（図2-31）。

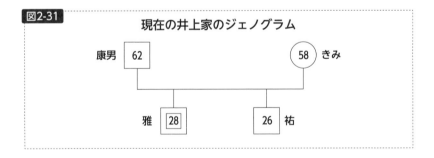

図2-31 現在の井上家のジェノグラム

事前の情報では長男に発達障がいの特性が見られるということでしたが、実際に面接をしてみると、弟の祐さんには（兄の雅さんよりも）さらに発達障がいの特性に該当する様子が見られました。例えば、次のような場面がありました。

担当「佑さんはどんなお仕事に就かれているのですか？」

佑　「……えっと、……あの～……」（と言って、父親や母親の方をちら
　　ちらと見て下を向く）

母親「何かね、工場に行って作業するみたいです」

佑　「……そう……」

　相談面接には「発達障がい」の特性を主訴に含んで来られる方もおら
れます。その特性には、一般に「注意欠陥」や「興味・関心の限定」等
があげられていますが、これらは一般論であり、その方によって特性の
有無や強弱は異なります。とはいえ、コミュニケーション場面で何らか
の行き違いが起こっているということは共通かもしれません。

　面接は「対話」を通して支援します。発達障がいの特性から佑さんの
ように「そっけないやりとり」「さらりとした会話」で終わってしまうこ
ともよく起こります。言葉のコミュニケーションだけでは、なかなか話
は膨らまないし、深まりません。そこで、視覚的な方法を用いて面接す
ることが有効になります。

■ 10年後の目標を「見える化」

　その後、家族全員での面接を1回、両親のみの面接を1回実施後、雅
さんと佑さんの二人で面接に来てもらうことにしました。

担当「きょうはここに書きますね」

　とホワイトボードに井上家のジェノグラムを書きました。

　そして、書き終わると、

担当「これは、この前教えてもらった井上さんのご家族ですね」

雅　「……はい」

担当「今日は、10年後のことを考えてみませんか。では時間を進めてみ

ますね。ジェノグラムの年齢に10年ずつ足していきます」

(担当者はジェノグラムにある家族それぞれの年齢を10年経過した数字
に書きかえていきました)

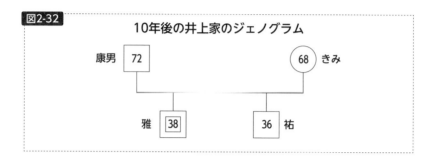

図2-32

10年後の井上家のジェノグラム

康男 72　　　　　　　　　　68 きみ

雅 38　　　　　36 祐

雅　「え、あ～なるほど」

祐　「……あぁ」

担当「できました。10年後のジェノグラムです。お父さんは72歳、お母
　　さんは68歳、雅さんは38歳、祐さんは36歳ですね。見てみてど
　　うですか」

雅　「ああ、確かに。みんな歳取っているなあ」

祐　「……そうですね……」

担当「少し想像していただきたいのですが、10年後の毎日はどう過ごし
　　ていそうですか？　どんなことをしていそうですか？　少し一人
　　で想像してみてもらえませんか」

雅　「……10年後」

祐　「……ええ……」

(1分程度後)

担当「ここに紙とクレヨンがあります。10年後のご家族のみなさんが何
　　かしているところを、ここに二人で相談しながら描いてみてもら
　　えませんか。クレヨンはこちらにありますので、１本取ってくだ
　　さい。その色でこの紙に描いてください。クレヨンの交換はしな

いでください」
雅　「……絵ですか?」
祐　「……はい（黙って1本取る）」
（担当者は残りのクレヨンはしまう）
担当「では、お二人で相談して、描いてみてください」
（と言って担当者は自分の椅子を後ろに下げる）
雅　「え……、描く?」
祐　「……ふん」

　これは「合同動的家族描画（CKFD：Conjoint Kinetic family drawing）」
と呼ばれる技法をもとにしています。「家族がみんなで何かをしていると
ころの絵を描く」という課題をご家族に課すものです。言葉だけでのや
り取りでは扱えることが限られていると感じていたり、新しい展開が欲
しいと感じたりした時などに試みています。
　こうした非言語のコミュニケーションのチャンネルを設けることも、
それまでとは違った家族の力動が見られるきっかけになります。口下手
でも絵がうまい人、滑らかに話す人が絵では戸惑いを強く見せるという
こともあります。その立場の逆転が家族の変化のきっかけにならないか
ということも意図することができます。
　家族に子どもがいるときの面接、知的な障がいのある方がおられる面
接ではよく採用されます。子どもや知的な障がいのある方は、言語によ
るやり取りでは親をはじめとする他の家族メンバーとの関係が固定化し
てしまうことが多くあります。親の方が口が立つからです。現在の課題
に、その関係の固定化もセットになってはいないかと担当者は考えるの
です。面接場面では、いつもと違うことをしてみることも必要です。

　まず画用紙に漫画のコマのように雅さんが線を引き、紙面を3つに分
割しました。画用紙の左側に雅さんの10年後を、次に右側に祐さんの

10年後を、最後に真ん中に両親の10年後を描きました。雅さんは放射線技師として白衣を着て病院で働く姿を自分で描きました。祐さんはダンボールを運ぶ姿を自分で描きました。そして両親が歳を重ね、健康のために公園で運動をしている姿を二人で描きました。CKFDでは色を固定するため、誰がどれだけ描いたかがわかります（しかし、それでもクレヨンを交換する方もいます。そこからルールの順守に対する家族のパターンが見られます）。

図2-33

CKFDのイメージ図

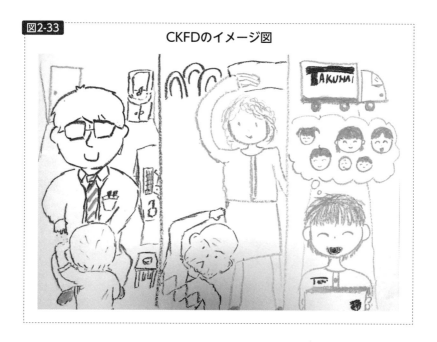

雅　「できました」

　クレヨンの色からも雅さんの方がたくさん描いたことがわかりました。

担当「はい、こんな風に描いてくれたんですね。これは何をしているところですか？」

と聞いていきました。そして絵の内容について、どんな思いで描いたのか等も問いかけていきます。

担当「改めて、絵の全体を見て感想とかありますか？」

雅　　「こんなもんかなと」

祐　　「……いいと思う」

　こうした短い言葉での返答も、「発達障がい」の相談にはよくある場面かもしれません。しかし、描かれた絵の中では、自分たちの将来のヴィジョンが雄弁に語られていました。

　次の面接には両親だけに来てもらい、その絵を見ながらの面接となりました。親が絵を見ることは、兄弟の了承を取りました。絵の中には、兄弟が普段話すことがない未来のヴィジョンがありました。今後、親としてどう応援するのかという話題が面接の中心になっていきました。

■ 振り返り

　こうしてCKFDで面接が進んでいったこともジェノグラムがあったからこそです。面接の初期に家族とジェノグラムを共有しておくことは、その後の展開の幅を広げてくれます。

　他の事例でもあったように、ジェノグラムでは過去も未来も時間を行き来することができます。ジェノグラムとCKFDのような描画で「見える化」をして進めていくことは、こうした発達障がいの事例とも相性がよいといえるでしょう。

mini column　**合同動的家族描画（CKFD）**

　家族の面接場面では合同動的家族描画（CKFD）の実施を提案することがあります。家族内のコミュニケーションを深めることを目的として、家族が描画に取り組む課題を提示します。

【実施の具体例】

①家族が着席している前に4つ切りの画用紙とクレヨンを提示しま

す（20色のクレヨンがよいとされています）。

②家族に対して、「クレヨンを一人１色ずつ選んでください。また、
　途中でクレヨンを交換しないでください」と伝えます。

③「ご家族が何かしているところを描いてください」と伝えます。

④家族が「終わりました」と言うまで、担当者は家族からは少し離
　れて様子を見ます。

【観察のポイント：例】

①誰からクレヨンを取るのか。どんな色を取るか。

②誰が話をまとめたり、働きかけるか。

③最初に描き始めるのは誰か。また、途中のコミュニケーションや
　終わり方はどうか。

④描く人物の大きさや順番（位置）、各人物間の距離はどうか。

⑤他の家族への配慮はどうか。

　ちなみに、「何を描くか」や「できた」というのは、「決定」の場
面です。それまで繰り返してきた家族の「決定」の特徴を、描画の
場面を通して垣間見ることができます。また、「家族が１つの絵を
描く」という課題に直面した時の反応は、家族がこれまで繰り返し
てきた問題への対処方法と同じかもしれません。変化のためには、
その方法とは異なるやり方を採用することにチャンスがあるかもし
れないと担当者は考えるのです。

　そういった意味では、CKFDは家族に対するアセスメントという
側面もあります。また、この描画に繰り返し取り組むことは、家族
内の言語・非言語のコミュニケーションを深める機会となり、援助
的な側面も有しています。

（参考文献：家族画研究会編『臨床描画研究Ⅰ』金剛出版、1986年）

知的障がいを伴う自閉症のある男性：
障害福祉サービス利用における家族資源の確認

　障害福祉サービスの利用に向けて、母親（敏子）と本人（隆）は相談支援専門員（障害福祉領域のケアマネジメントをする職）との面談を終え、日中のサービス利用として、ある障害福祉事業所を利用することになりました。

　隆さんは、1週間前に、事業所が提供する作業プログラムをお試しで3日間体験しています。知的障がいを伴う自閉症という診断を受けており、多少定型的な会話の傾向、また頼まれたことを実行するまでに一瞬考えてから自分のタイミングで行う特徴などが見られました。しかし、他の利用者との関係も自然で、遅刻もなく、作業中の集中が途切れることはほとんどありませんでした。正式な利用に向け事業所の担当者は、家族と面接をすることになりました。

■ 面接前にジェノグラムをもとに事前準備

　事前情報では、両親ときょうだい三人の五人家族で、母親の職業は看護師とありました。看護師の仕事は夜勤なども考えられ、時間的な制約、業務量から障がいのある子を育てることと両立している方は少ないこと

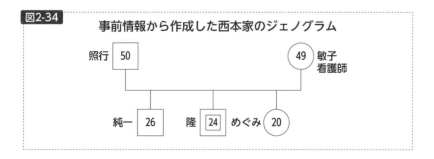

図2-34

事前情報から作成した西本家のジェノグラム

照行 50　　　　49 敏子 看護師

純一 26　　隆 24　めぐみ 20

が頭をよぎりました。さらに三人の子育てです。誰かに助けてもらえてきたのか気になりました。普通は祖父母に助けてもらうことが多いですが、もし居住地が遠方だとそれも大変だろうと考えました。そのあたりは面接の中で話題にして押さえておこうと思いました。

　一般に、福祉事業所や福祉機関では利用開始時にケースの方の基礎情報をまとめたフェイスシートを作成します。その目的はあくまで記録で面接用ではありません。そのシートを見ながら項目順に聞いていくことはお薦めしません。相談者に「事務的に聞かれた」というような、無機質で侵入的な印象を持たれるからです。今後のためにもジェノグラムを書きながら、相談者にもそのジェノグラムを時々確認してもらいながら面接を進めます。相談者にジェノグラムを見せるのは、こちらがこっそり何かを控えているのではないかという印象も持ってもらいたくないからです。

　ご家族がご自身のことを話すことに、慎重になっている様子を始めから感じることもあります。ご家族は、これまでにもさまざまな福祉機関等で同じようなことを繰り返し聞かれています。その繰り返しに、すでにうんざりしていることもあります。今後何度も聞かないためにも、初めの面接でしっかり事実を押さえることも大切です。

■■ 面接時のポイント

　面接は、担当になる支援員と施設長、そして母親の敏子さんと隆さんの四人で行いました。面接の初めに、事業所の説明と基本事項を確認しました。

　そして、このように切り出しました。

担当「これからしっかり支援をしていきたいので、西本さんのご家族のことを教えていただけますか？」

家族構成をわかっていると、本人の話がよくわかります。休日に誰とどこに行ったかなど、しっかりと理解しながら本人の話を聞くことができます。

担当「三人の子育てをされてきて、大変だったと思うのですが、助けてくださった方はおられますか？」

敏子「そうなんですよ。夫は家事を全然しないので。夫の仕事も売り上げが厳しくて……、その話をしたら長くなりますが……」

担当「そうなんですね。今の病院の仕事は何年ぐらいですか？」

敏子「8年ぐらいかな」

担当「その前は？」

敏子「別の病院で看護師をしていました。長男が生まれる前からずっと看護師をしています」

担当「お仕事もして大変だったでしょう」

敏子「そうなんですよ……」

　ここでは、敏子さんの苦労をしっかり聞くことを意識しました。「私の努力をわかってくれている存在」に担当者がなることを目指します。仕事と三人の子育て、障がいのある子を持つ母親としてどう切り抜けてきたのかに注目しました。

担当「子どもさんが小さい頃は、急に熱が出るということもあったと思うのですが、そういう時はどうされていたんですか。誰かに来てもらったりされたんですか」

敏子「いやそれがですね。私の実家はA県で、夫の実家もB県なんです。両方とも実家が遠いでしょ……」

担当「……そうですね。どうされていたんですか？」

敏子「夫の姉が少し離れたところにいるので、時々助けてもらいました。

この子のこともかわいがってくれて……。近頃は、もうたまにし
か会わなくなりましたね」

担当「その方はお住まいが近いんですか？」

敏子「バスで30分ぐらいのところです。本人もとても慕っていて」

　他に父親（照行さん）のきょうだいがいないことを確認した後に、

担当「お母さんのごきょうだいは？」

　と問いかけました。照行さんのきょうだいに話が広がっていたので、
敏子さんのきょうだいにも話を展開しやすくなりました。機会を逃さず
に聞きます。

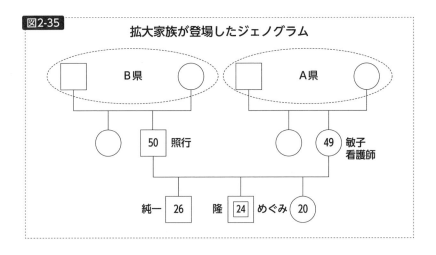

図2-35　拡大家族が登場したジェノグラム

敏子「姉がいます。市内の北の端にいるんですけど。そうそう、実はね、
　　　この子時々姉のところに勝手に行くんですよ。買い置きの食材と
　　　かを見つけると、余っていると思うのか、バスと電車に乗って姉
　　　のところに持って行くんです」

担当「そうなんですか。お姉さんはどんな反応なんですか」

敏子「電話をくれて、今来ていることを教えてくれます」

この面接の後、障害福祉サービスの利用がスタートしました。

コメント▶

　ジェノグラムを使って面接をすると、情報を押さえられるのと同時に、同居家族以外の親族とのやり取りも確認できます。それらのエピソードから、その方がよく行っている課題への対処法がより具体的に見えてきます。うまくいっていない現状があるなら、よく採用している対処法を変えてみるというプランも見えてきます。そのためにもこうしてジェノグラムを使って、登場人物を整理しながら聞いておいてよかったと感じることはとても多いです。

　またしっかり話ができた職員がチームにいることは、スタッフ側の支援方針の判断をクリアにします。同時に判断のスピードも上がります。「あのご家族ならお姉さんに連絡を入れてみよう」、「弟さんが知っているかもしれないから聞いてみよう」、「あのおうちならすぐ探しに行った方がいい」など支援の精度が上がり、よりよい成果をもたらす可能性も高まります。

　事業所での利用開始時の面接は、フェイスシートの項目やジェノグラムの欄を埋めることを目的にしがちです。お薦めなのは、ジェノグラムを用いて面接をし、その結果をフェイスシートに落とし込むことです。事実を聞き逃さないでおこうと事務処理優先で行った面接よりも、しっかりと家族の苦労に共感し、話を聴いた面接の方が、その後の支援に大いに役立ちます。

無職の息子に悩む母親：息子の自立に関する相談

■■ 総合相談窓口への母親の来所

　母親（芳子、76歳）が「こんなこと相談できるのでしょうか」と遠慮がちにやってきました。相談の内容は、息子（亮）が定職につかず、アルバイト収入が月に4，5万円程度。生活費は一切入れず、彼女との交際費まで要求してくる。芳子さんは、厚生年金で月13万円で暮らしており、4年前に患ったがんの治療も中断している。今日は、亮さんの携帯料金の督促状が届いており、渡そうとした時に「ほっといてくれ」と怒鳴られ、胸を突かれた。いつかまともに就職をしてくれると信じては裏切られ24年も経ってしまった。最近、情けなくて死んでしまいたいと思う日が増えて、友人に話を聴いてもらったところ、ここを勧められた。こんなことは、恥ずかしくて人に言えることではない。今も来たことを半分後悔している。こんな身内の恥みたいな相談を聞いてもらえるわけがないし、本当は話したくない、と多少混乱気味に話をされました。

■■ 面接の展開

担当「よくここに来てくださいましたね。息子さんのことで悩んでおられるのですね。勇気を出して来てくださってうれしいです」
と相談室に誘い、椅子を勧めました。

　芳子さんはつらくてどうしようもなく相談には来たものの、自分でも何を相談したらよいかわからないでいる様子です。そこで、息子さんのことを自由に話していただこうと思いました。

担当「もう少し詳しく亮さんのことを聞かせてくださいますか」

　芳子さんの話をまとめると次のようなことでした。

　大学生だった亮さんが、卒業式間近に交通事故で大けがをし、救急車で運ばれた。脳挫傷と足の複雑骨折というひどいけがで、助からないかもしれないと言われたが、幸い体に後遺症も残らず夏には退院した。就職の内定は取り消され退院した時には無職の状態だったが、命拾いしたのだからまた頑張ればよいと慰めた。医療費も示談金も支払われたので、当面の生活費には困らず、就職活動を再開したのは年が明けてからだった。

　その後、示談金を使ってしまい、営業の仕事に就いたものの顧客からの苦情が相次ぎ解雇された。就職はすぐに決まるが長続きせず数か月で辞めてしまうことを繰り返し、次第に自分を認めない社会に対する不満を口にするようになり、求職活動をしなくなった。家でも怒りっぽくなり、自分の部屋に母親を一歩も入れず、食事も一緒にしなくなった。就職できない息子がかわいそうで月に5万円ほどの小遣いを与え続けた。芳子さんが年金暮らしになってからは定期的に渡すことはやめたが、お金を貸してくれ、必ず返すからという言葉にだまされ、結局、月5万円程度渡し続けている。

　なぜか亮さんは女性にもて、彼女を作っては喧嘩別れをしてしまう。先日も結婚すると言って若い女性を連れてきたが、数日後には怒って出ていった。姉の恵は、亮さんは中身がないのに、服のセンスがよくて、笑顔が素敵で、人当たりもよいので初対面の人には印象がよいのが仇になっていると言う。恵さんは弟にずけずけ言うので、亮さんの方が避けている。

担当「子どもさんはお二人ですか？　もう少しご家族のことを教えていただけますか？」
芳子「娘の恵は結婚して近くに住んでいます。娘は大変な苦労を背負っ

ているのでできるだけ愚痴は言わないようにしているのですが」

担当「娘さんの苦労？」

芳子「重い障がいの子がいて、昼間は高等部に通っていますが、夜も吸
　　痰が必要で、娘はいつも寝不足なんです。実は私も土曜の夜だけ
　　泊まって娘の代わりに世話をしているのです。娘は夫に恵まれて
　　二人で頑張って世話をしています。だからなおさら弟には腹が立
　　つのでしょうね。お母さんが甘やかすからとよく怒られます」

　　父親の話が出てこないのはなぜだろう。*離婚か、死別か、何か事情が*
*ありそうだ*と思いました。

担当「お父さんのことも聞かせていただけますか？」

芳子「離婚しました。娘が中３、息子が中１の時に、夫の事業が失敗し
　　て借金取りから逃れるため家を出ました。子どもたちとは時々
　　会っていたようですが。子どもたちは父親のことが大好きだった
　　のでショックも大きかったと思います。娘は弟思いで、息子が事
　　故に遭うまでは本当に仲がよく助け合っていたんです。私は連帯
　　保証人になっていた借金の返済に追われ、子どもたちのことにか
　　まっていられませんでした。友人と女性だけの小さな事業所を立
　　ち上げ、それが思いのほか成功して忙しかったから、ほとんど娘

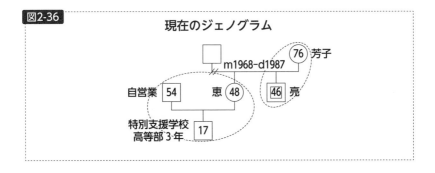

図2-36　　　　　　　　　　現在のジェノグラム

が家事をやっていました。65歳まで社長を務め引退しました。今はこんなにしょぼくれていますけど」

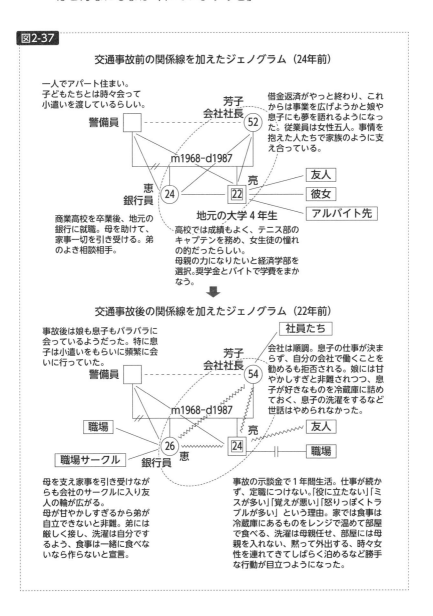

図2-37

交通事故前の関係線を加えたジェノグラム（24年前）

一人でアパート住まい。
子どもたちとは時々会って
小遣いを渡しているらしい。

警備員

芳子
会社社長
(52)

借金返済がやっと終わり、これ
からは事業を広げようかと娘や
息子にも夢を語れるようになっ
た。従業員は女性五人。事情を
抱えた人たちで家族のように支
え合っている。

m1968-d1987

恵
銀行員
(24)

亮
22

友人
彼女
アルバイト先

地元の大学4年生

商業高校を卒業後、地元の
銀行に就職。母を助けて、
家事一切を引き受ける。弟
のよき相談手手。

高校では成績もよく、テニス部の
キャプテンを務め、女生徒の憧れ
の的だったらしい。
母親の力になりたいと経済学部を
選択。奨学金とバイトで学費をまか
なう。

交通事故後の関係線を加えたジェノグラム（22年前）

事故後は娘も息子もバラバラに
会っているようだった。特に息
子は小遣いをもらいに頻繁に会
いに行っていた。

社員たち

警備員

芳子
会社社長
(54)

会社は順調。息子の仕事が決ま
らず、自分の会社で働くことを
勧めるも拒否される。娘には甘
やかしすぎと非難されつつ、息
子が好きなものを冷蔵庫に詰め
ておく、息子の洗濯をするなど
世話はやめられなかった。

m1968-d1987

職場

職場サークル

恵
銀行員
(26)

亮
24

友人
職場

母を支え家事を引き受けなが
らも会社のサークルに入り友
人の輪が広がる。
母が甘やかしすぎるから弟が
自立できないと非難。弟には
厳しく接し、洗濯は自分です
るよう、食事は一緒に食べな
いなら作らないと宣言。

事故の示談金で1年間生活。仕事が続か
ず、定職につけない。「役に立たない」「ミ
スが多い」「覚えが悪い」「怒りっぽくトラ
ブルが多い」という理由。家では食事は
冷蔵庫にあるものをレンジで温めて部屋
で食べる、洗濯は母親任せ、部屋には母
親を入れない、黙って外出する、時々女
性を連れてきてしばらく泊まるなど勝手
な行動が目立つようになった。

事故の前後ではどんな変化があったのだろうか。後遺症もなく完治したといわれているが、就職の内定が取り消されたショックだけで、ここまで変容するだろうか。事故後の亮さんの変化は、ひょっとすると交通事故の後遺症ではないだろうか。

　当時、医療機関から高次脳機能障がいという言葉を聞かなかったか尋ねてみることにしました。

担当「交通事故の入院中とか退院の時に『高次脳機能障がい』という言
　　　葉を聞いた覚えはありませんか？　退院の時、病院からこれから
　　　のことで何か言われたことはありませんでしたか？」
芳子「怪我は治ってリハビリも終わったので、もう大丈夫ですと言われ
　　　たと思います」

　周囲が亮さんを「事故のせいで性格が変わり、荒んだ生活になってしまった情けない奴」と見ていたとしたら、亮さんもなぜ今までできていたことがうまくできないのかわからず「努力が足りない」と自己評価が落ちていったとしたら、お互いに出口が見えずしんどかっただろうと思いました。

担当「もし、事故の前と後の亮さんの変化が、性格が悪くなったのでは
　　　なく、身体障がいとは違う見えにくい後遺症、障がいからくるも
　　　のだとしたら？」
芳子「え？　そんなことありますか？　亮が障がい？　どこも何ともな
　　　いんですよ。それでも障がいってあるんですか？　怠けているだ
　　　けじゃないんですか？」

　事故の前と後の亮さんの変化について母親だから気づいていることがあるかもしれない。もう少し具体的に聞いてみることにしました。

芳子さんから次のような話が聞けました。

芳子「そういえば、あんなにやさしく人の気持ちを思いやることができた息子が、察したり、いたわるといった細やかな優しさがなくなったかもしれません。それに自分の部屋をきれいに使っていたのに、退院後はゴミの山の中で平気で過ごしています。貧乏だったから節約できる子だったのに、手にしたお金をすぐに使ってしまうので不思議だなと思っていました。姉が障がいのある子を育てて苦労していることにもほとんど関心を持ちませんでした。大学生のとき、ボランティアで地域の子どもたちのテニスの指導もしていたのに、今は子どもにまったく興味がないんです」

担当「人柄の変化は目立つけれど、能力の変化はこちらの思い込みもあってわかりにくいですよね。事故の時に脳に損傷があって新しいことを覚えられなくなったり、忘れたり、判断が難しくなったりする障がいがあります。高次脳機能障がいといいます。もし亮さんがそんな障がいを持っているとしたら、サポートが必要ですよね」

■ その後の展開

芳子さんは、高次脳機能障がいという聞き慣れない言葉に戸惑いながらも、専門の相談機関に行くことを承知しました。担当者は、面接の経緯を高次脳機能障害相談センターのソーシャルワーカーに伝え、面接の予約を取り、当日同行しました。芳子さんは、まだ納得できないままでしたが、自分の話を聴いてくれた担当者の顔を立てた形です。

面接の中で、専門家の話に納得のできるところがあったのでしょう。亮さんがこの相談機関につながるにはどんな工夫がいるかを話し合うことができました。面接で一緒に書いたジェノグラムを持参していたので、亮さんや恵さんとは今も交流のある父親の力を借りようと提案をしたと

ころ、芳子さんも賛成しました。息子のことを全部自分一人で抱え込み、自殺まで考えるようになっていたことを思えば、誰かを頼ろうと考えられるのは一歩前進といえます。まずは恵さんから父親に連絡をとってもらい、亮さんのために力を貸してほしいと頼むようお願いすることになりました。

その後、作戦は成功し亮さんは相談センターの面接につながり、医療機関で高次脳機能障がいと診断され、精神障害者保健福祉手帳を取得し、障がい者の職業訓練校に通うことになったとの報告を受けました。

今後、どのような展開が待ち受けているのかはわかりませんが、少なくとも芳子さんは「死んでしまいたい」という思いからは抜け出し、前向きになった亮さんとの関係も改善されてきたといいます。

コメント▶

母親のうつ状態への対処として医療機関の受診を促したり、息子の就労支援サービスを紹介するなど、いきなり社会資源につなぎがちですが、この担当者は、その前に話をじっくり聴きながら母親のつらさの正体を一緒に見極めようとしました。

この事例の場合、交通事故という出来事を間に挟んで、家族関係や他の人間関係の大きな変化が起きていることをとらえ、その変化をジェノグラムやエコマップを使って、ともに俯瞰し、変化の内容について相談者自身が確認をしていく作業ができました。その面接のプロセスで母親と担当者の信頼関係（とまではいかなくとも義理）が生まれ、次への行動につながっていったことは見逃せません。

また、障がい当事者以外の方が相談者の場合、当事者の自発的相談への動機づけを丁寧に行うことの大切さと動機づけには家族の関係性に着目することが有効であることを教えてくれた事例です。

第4節 高齢分野における
ジェノグラムの活用

❶ はじめに

　ここでは、高齢者の相談先として考えられる地域包括支援センター、居宅介護支援事業所（ケアマネジャー）、病院の地域連携室などでの相談業務を想定し、高齢者に関わる相談の特徴を踏まえてジェノグラムの活用と面接の工夫などを紹介します。

❷ 高齢者に関わる相談の際、心得ておきたい点や工夫

①　最初の相談者が本人とは限らない

　高齢者分野の相談は本人からの相談よりもむしろ家族や親族からの方が多いかもしれません。また最近は、高齢者の一人暮らしの増加に伴い、家族以外（民生委員・児童委員、近隣住民、警察等）からの相談も増えています。相談を受けた側は、よほど気をつけていないと、高齢者本人の意思確認や同意抜きに本人の人生に介入してしまう危険性をはらんでいます。初回の相談が本人以外からの場合、相談者と高齢者本人の関係性を明確にし、どのようなプロセスで本人の相談として成立させていくかを検討することが大事になります。

②　高齢者本人との出会い方（初回の相談）を大切に

　高齢者本人以外の方からの相談から本人につながり、初回の相談を行う場合、今後の関係性を築く第一歩となるように、高齢者本人に認めて

もらえる配慮が大事になります。

　事前にいろいろな情報を得ていたとしても、先入観を持たずに高齢者本人の話を聴きます。書き留める時には本人に許可をもらい、書いたものを見せながら本人と一緒に作る姿勢が大事です。こうしたやり取りの中で、本人の生き様や価値観、その変化、今の思いを知ることができ、そのことをまた本人に言葉で返すという繰り返しの中で信頼関係が醸成されていきます。

③　本人に相談の意思がない場合は気長なお付き合いを

　高齢者本人と面談できたとしても、相談の意思が確認できなかったり、拒否されたりすることがあります。そのような場合、本人以外の相談者の主訴を一旦横に置いて、本人の生活とその思いに寄り添いながら、理解を深めていきます。そのプロセスで本人との相談関係が成立したと思える時がやがてやってきます。

④　財産・金銭管理、相続に関する相談が増加

　家族間の利害に関する相談は、各家族メンバーの位置や相互の関係性を正確に把握する必要があります。誰が介護を担うのかなど家族間の争いが生じている場合は特に介護保険サービスのパッケージの相談ではすみません。正確な情報に基づく司法領域との連携で法的な根拠をもって高齢者本人の権利・利益を守ることが必要になります。

⑤　高齢者本人に関する相談から、他の家族メンバーの課題を見つける

　家族など周囲の抱える生活課題を包括的に把握しながら相談に応じるスタイルが当たり前になってきました。時には、担当者一人では抱えきれないことがあります。そんな場合は、課題を持つそれぞれの家族メンバーに担当を付けた方がよいでしょう。

家族メンバーお互いの利害が対立する場合もあるので、高齢者本人の担当者を明確にし、本人以外の家族や親族、近隣住民への対応については適切な相談機関と連携し、別の担当者を設けるようにします。

　その際、本人を含めた家族が目指す方向を尊重し、関係者が協力して家族を支えていく扇の要の役となる担当者を明確にしておきます。

⑥　高齢者本人の人生は長く、登場人物もエピソードも多いことが特徴

　当たり前のことですが、年齢が高いほど本人を理解するための情報は多くなるので、情報の整理の仕方が重要になります。高齢者本人や家族等と確認しながら情報を整理していくツールとしてジェノグラムやエコマップ、生活史が役に立ちます。特に現在と過去の複雑な家族構成や関係性がごちゃ混ぜに語られる時、時系列での情報整理をジェノグラムやエコマップを用いて「見える化」しながら行うことが本人・家族の理解への早道となります。ジェノグラムを書くと、すでにこの世にいない人物も重要な役割を持って登場することがあります。

⑦　情報は、「見える化」すると高齢者にも理解しやすく、情報が出しやすくなる

　ジェノグラムや時系列の表（生活史）などで「見える化」すると質問の手がかりをつかめるので、過去の忘れていたような情報が出てくることがあります。これを宝物探しといったりします。

⑧　ライフステージごとのジェノグラムを書く

　家族の歴史の中で、変化したことと変化しないこと、その都度の選択・決定があったことを振り返ります。その延長線上にあるこれからの生活のあり方、生き方のイメージを確認することにもつながります。

③ 高齢分野における相談面接の実際

事例 I

男友達に土地をプレゼントしたい89歳の独身女性：不動産の相続に関する相談

　栄子さんは3年ほど前に一度相談に来たことがあり、その時にもこの男性を伴っていました。確か、「老人福祉センター」で知り合った友人と紹介された記憶があります。

　3年前の相談は、「亡夫の先妻の息子の次男（高校3年生）がある日突然やってきて住み着いた。高校にはほとんど行かず家でごろごろしている。父親（亡夫の先妻の息子）に電話して生活費を欲しいと言っても、勝手に出ていったのだからと取り合わず、いやなら追い出せと言う。一緒に住んでいると情が湧いて、簡単には追い出せない。私の年金で二人分の生活費はきついから何かよい手はないか」というものでした。

　あれから3年、栄子さんの印象はほとんど変わっていません。

担当「今日はどんなご相談ですか？」

栄子「この人に（と同行した男性に視線をやり）私の土地をプレゼントしたいの。いろいろと助けてもらっているからお礼をしたいと思って」

　ケースファイルを取り出すと、3年前に書いたジェノグラムがありました。それを栄子さんに見せながら、面接を始めました（図2-38）。

担当「今も、お孫さんはご一緒に？」

栄子「まだいるわよ。高校は中退しちゃって、今は引越し屋で働いているの。この人（同行の男性）に説教してもらってからは、仕事に

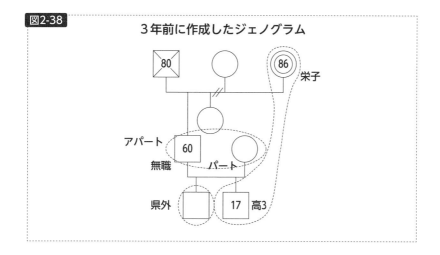

図2-38

3年前に作成したジェノグラム

80　栄子 86

アパート
60
無職　パート

県外　17 高3

行くようになったのよ。公共料金は私が払っているけど、後は自
分でやっている。あいかわらず息子夫婦は知らん顔であいさつに
も来ないけどね。孫のことは、間借り人と思って割り切っている
わ」

担当「この3年間で、他のご家族に何か変化はありましたか?」

栄子「先妻が去年亡くなったのよ。連れていった娘が看取ったらしいわ」

担当「先妻さんが家を出られたのはいつ頃のことでしょうか?」

栄子「息子が中学1年の時って聞いたけど。うちは、戦前は大地主で、
戦後はだいぶ減ったとはいえ、土地も山もあるから、跡取りを連
れて行くなんて許さなかったのね」

担当「栄子さんは、50歳の頃にこの家に入られたのですよね」

栄子「同居を始めたのはその頃だけど、籍を入れたのは15年前、私が
74歳の時よ。主人が亡くなる2年前だった」

担当「栄子さんが同居することになったきっかけは何だったのですか?」

栄子「主人の母親の介護のために住込み家政婦として雇われたの。息子
は家を出ていたし、主人は仕事が忙しかったから介護は全部私任
せだった。10年間介護して亡くなった時には、みんな私のことを

「奥さん」、主人は「家内」と呼んでいたから周りは籍が入っていると思っていたでしょうね。姑は最後まで私を家政婦扱いだったけど」

担当「栄子さんは微妙な立場で暮らしておられたのですね。義理の息子さんとの仲はどうだったのですか？」

栄子「一緒に暮らしたこともないから母親とは思っていない。息子には子どもが二人いるけど、主人が生きている時もほとんど交流はなかったし、主人が亡くなった時も私のことをおばあちゃんとは呼ばせなかった。だから、３年前、孫が一緒に住みたいと言ってきた時はうれしかったのよ」

担当「栄子さんと息子さんは、養子縁組はしていないのですか？」

栄子「多分、してないと思う」

担当「ご主人が亡くなった時の遺産分けはどうしたのですか？」

栄子「息子は四十九日法要までは親戚の手前もあって喪主の責任を果たしたけど、その後は寄り付かなかった。私は遺族年金が入る通帳を１つもらったの。預金の管理は全部主人がしていたし、死後の手続きは息子が全部したから、他に預金があったかも知らない。主人は亡くなる前に、お前が困らないようにしておくと言ってたから、家と土地は私のものになっているはずなんだけど……」

担当「相続の手続きをした覚えはありますか？」

栄子「どうだったかなあ。よく覚えていないわ」

担当「友人の方にあげたい土地は、栄子さんの名義になっていますかね？」

栄子「だと思うけど……。私も歳だから。遺言書いておいた方がいいかしら？　この家は、今一緒に住んでいる孫にあげたい。孫にはこの人（友人）と一緒に私の介護もしてほしいのよ。この人、土地をもらったら最後まで世話をすると約束してくれたから」

3年前も感じましたが、栄子さんの話はあいまいなことが多くあります。突き詰めないで成り行き任せで生きてきた人なのかなと感じました。

担当「ところで、ご友人のお名前や住所などを教えていただいてもいいですか？」

鈴木「鈴木といいます。68歳で大工。隣の市営住宅に住んでいます。栄子さんとは、老人福祉センターで知り合って、孫のことを相談されるようになって、かれこれ4年の付き合いになります。栄子さんは子どももいないし、お人好しで騙されやすいから放っておけずズルズルと面倒みています」

担当「一言でいうとどんなご関係でしょうか？」

鈴木「一言？　うーん、アッシー君かな」

栄子「つばめって言っている人もいるわよ。うふふ」

　どこか人を喰ったところもあるし、誰でも無防備に受け入れるところもある人だなと思いました。

担当「今も老人福祉センターで会うことが多いのですか？」

栄子「うちの畑に野菜を植えて世話してくれているの。毎日よ。その畑をあげたいのよ。時々お料理も作ってくれて一緒に食事をしたり、外食や銭湯にも連れていってくれるし、本当にいい人なのよ。この人」

担当「鈴木さんのご家族は？」

栄子「この人の奥さん、長いこと病気で入院しているんだって。そっちのお見舞いにも行くから、忙しいのよ。よくやっていると思うわ。だから何かしてあげたいの」

担当「栄子さんが鈴木さんにあげたいのは、その畑なのですね」

栄子「それと山も。マツタケが採れる山があって、この人マツタケ売り

たいって言うから」

担当「栄子さんのお気持ちはわかりました。鈴木さんは、栄子さんの申
　　し出をどう思っておられるのですか」

鈴木「栄子さんは、寂しいんだよね。私が畑や山をもらって世話をすれ
　　ば喜ぶし、安心すると思うから、もらうことにしたんです」

担当「義理の息子さんやお孫さんはこの話をご存知なのでしょうか？」

鈴木「義理の息子とは会ったことがない。家にもまったく来ないから私
　　が家の修理とか庭木の手入れもしている。孫とは一緒に食事した
　　り酒を飲むこともあるよ」

担当「ところで、今、伺った話だと、畑や山が栄子さん名義になってい
　　るかわからないのですよね。まずは、そこからですね」

鈴木「栄子さんがくれると言うからもらおうかっていう話で、そんなや
　　やこしい話ならいらないよ」

　鈴木さんは、畑をもらうことを躊躇なく受け入れつつも、ややこしい
話ならいらないと言います。高齢者の財産を狙う悪意はないのかもしれ
ません。ともかく、畑や山が栄子さん名義になっているのか調べること
が必要です。

担当「ところで、栄子さんには子どもやきょうだいはいますか？」

栄子「20歳の頃、未婚で男児を出産してすぐに乳児院に預けたの。密か
　　に所在は調べてもらって、結婚して娘が一人いることも知ってい
　　るけど会ったことはないわ……。きょうだいは、上に４人いたけ
　　ど生きているのは末っ子の私だけよ」

　その後、栄子さんは司法書士に相談することになり、担当者は栄子さ
んの了解をもらい、事前に相談内容を伝えました。後日、栄子さんの家
で鈴木さんと担当者も同席の上、司法書士の話を聞きました。

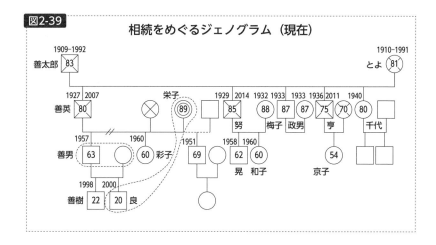

図2-39

相続をめぐるジェノグラム（現在）

・畑、山林は、栄子の亡夫（善英）の父親（善太郎）の名義のままになっている。

・宅地と家屋は亡夫（善英）の名義になっている。

　つまり、今の時点では栄子さん名義の不動産はないということがわかりました。

　そこで、司法書士からは次のような提案がありました。

①　善太郎の不動産をすべて亡夫（善英）名義にする（生存している当事者全員で話し合い、了承を得ることが必要）。

②　その後、善英の相続人（栄子、善男、彩子）で話し合い、全部を栄子名義にする。

③　栄子名義になった山を鈴木さんに贈与する。

　善男、彩子が同意しなかった場合でも、栄子の名義になった山の１つを鈴木さんに贈与することができる。贈与税については、山林の評価額はかなり低いので今回は考慮しなくてよいと思われる。ただし、畑（農地）は農業委員会の許可が必要なので、家庭菜園をしているだけの鈴木さんには許可が下りない可能性が高い。

④　栄子名義となった宅地と家屋を亡夫の孫（良）に相続させる旨の遺

言書を作成する。

　贈与税が高額になる場合があるのでよほどの事情がない限り生前贈与は勧めない。

　ただし栄子の息子に遺留分があるので、遺言があっても全部亡夫の孫（良）に渡せるかどうかは死亡した後でないとわからない。

■ 司法書士が動いた結果

① 　善太郎名義の不動産は、関係者の承諾が得られ、全部を亡夫（善英）名義に変更できました。

② 　善英名義の不動産の相続について、善男は、「由緒あるこの家の不動産を全部縁もゆかりもない栄子とその息子にとられたくない。ましてや鈴木という赤の他人に山を持っていかれるのは承知できない」と言って不動産をすべて栄子名義にすることは拒否しました。彩子は、不動産を相続しないと表明したため、栄子と善男が、どの不動産をどちらが相続するかを話し合うことになりました。

コメント▶

　介護相談がきっかけとなり、相続や贈与について準備をしなければと気づく方もいれば、栄子さんのように不動産を○○にあげたいと思うことから相続や贈与の問題が浮上することもあります。中でも不動産の相続登記がされておらず先代、先々代名義のままになっていることがわかった時、今さら遡って相続手続きをするのか、放置しておくのかといった選択を迫られることにもなります。

　ともあれ、相続の問題は、正確な家族の関係を把握する必要があるので、弁護士や司法書士につなぐ時にも、ジェノグラムを使うと説明しやすく、相手もわかりやすいと思います。特にこの事例のように遡って相続手続きをする場合、法定相続人が誰かを明確にするためにも、生存しているのか、

死亡していたらそれはいつかを把握し、氏名とともにジェノグラムに記載しておくとよいでしょう。

　贈与や相続の問題は、個人レベルにとどまらず地域の課題（特に空き家、空き地に関する多くの問題）にもつながっています。自分の死後、遺産（負の遺産も含む）が家族や社会にどう影響を及ぼすか、予防的手立てを講じておくことも必要な時代になりました。担当者としては、司法関係の専門家と日頃から相談できる関係を作っておくことも大切なことです。

mini column　相続　司法書士のミニ法律講座

　この事例のように、不動産の相続登記がされておらず先代名義のままになっているがどうしたらよいか、という相談を受けることが多くあります。今回の事例では不動産の名義人である亡き善太郎の相続人全員（相続人が善太郎の後に亡くなっている場合はその配偶者と子）が話し合いに応じてくれ、書類に実印を押してくれたことにより、栄子さんの亡夫（善英）名義にすることができました（不動産登記では、既に亡くなっている相続人に名義変更することができます。その後で、亡夫（善英）の相続人三人で話し合いをすればよいことになります）。

　しかし、この事例のようにうまく話し合いがまとまるとは限りません。相続登記を放置している間にその相続人が亡くなると、当事者がどんどん増えてしまいます。当事者の一人が話し合いに応じてくれない、認知症で話し合いができない、所在がわからない、海外に住んでいる……など、時間が経つにつれ、手続きがより困難になる可能性があります。

　さて、この事例で栄子さんは鈴木さんに山を、亡夫の孫（良）に自宅を贈与したいとの意向です。そのためには、亡夫（善英）の不動産を栄子さん名義にする必要があります。どのように手続きを進めればよいでしょうか？

まず１つは、法定相続分といって民法で定められた持分があります。今回の事例では、亡夫（善英）の配偶者である栄子さんと子二人が相続人となります。法定相続分は、栄子さん２分の１、善男さん４分の１、彩子さん４分の１となります。

　しかし、法定相続分というのは、必ずしもこの通りに相続しなくてはいけないものではありません。不動産に関しては、むしろ法定相続分通り共有名義とすることはまれでしょう。不動産を共有名義にすることにより、さまざまな場面で支障が生じる可能性があるためです。例えば、栄子さん、善男さん、彩子さんが法定相続分通り共有名義とした場合のことを考えてみましょう。いずれ栄子さん、善男さん、彩子さんが死亡した場合、それぞれの相続人（栄子さんの息子、善男さんと彩子さんの配偶者や子ども）が共有者となってしまいます。最初は三人で共有していたものが、他人やいとこ同士の共有不動産となってしまうのです。

　それでは、どのように相続を進めればよいのでしょうか。まずは、相続人全員で話し合い（遺産分割協議）をすることになります。法定相続分にかかわらず、相続人の一人が全財産を相続しても、まったく相続をしない相続人がいても、何も問題ありません。不動産に関しては、実際に住んでいる配偶者や、家を継ぐ長男の名義にすることが多いようです。

　今回の事例では、善男さんは、栄子さんが鈴木さんに山を贈与することや、いずれ栄子さんの実の息子が不動産を相続することになるかもしれないことに難色を示しています。このように当事者間で話し合いがまとまらない場合、弁護士に相談して、場合によっては調停、裁判で決定することになります。

　最終的に、鈴木さんに贈与したい山と、自宅の土地・建物を栄子さんが相続することができれば、栄子さんは生前、自由にその不動産を贈与することが可能となります。　　　　　（司法書士　松永美里）

認知症が疑われる一人暮らしの男性：
地域で孤立を防ぐ相談

　文夫さん、武さんが住んでいるのは、山間地の高齢化率が40％を超える小さな集落です。空き家や休耕田が目立ちますが、昔は小学校や診療所、酒屋兼食料品店もあった地域の中心地でした。お寺は5年前に無人になりましたが檀家たちが管理し、地域のサロンを開いています。神社も祭りはなくなりましたが、氏子が初詣の準備をしています。

　ほとんどの世帯が兼業農林業でしたが、高齢化に伴い米作りは農業法人に委託、山林は放置状態です。この地域では、主に定年退職後の男性が地域の役員を順番に務めています。

■ 相談の始まり

　地域役員の二人（60歳代）が民生委員・児童委員宅を訪れました。「昨日、文夫さんが家の前で大声をあげて武さんを棒で叩こうとしている場面に遭遇した。二人は激しく罵り合い、どんどんエスカレートしていったので、割って入りそれぞれの家の中に連れて行ったが、何しろ二人と

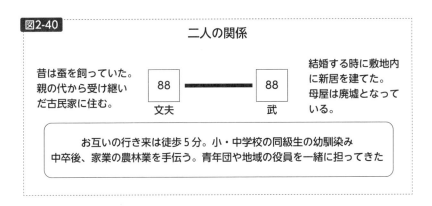

図2-40　　二人の関係

昔は蚕を飼っていた。親の代から受け継いだ古民家に住む。
| 88 | 文夫 | ━━ | 武 | 88 |
結婚する時に敷地内に新居を建てた。母屋は廃墟となっている。

お互いの行き来は徒歩5分。小・中学校の同級生の幼馴染み
中卒後、家業の農林業を手伝う。青年団や地域の役員を一緒に担ってきた

も一人暮らしで、なだめる家族もおらず、1時間も話を聴くことになった。最近、二人が争っている姿をよく見かける。最初は些細な喧嘩かと思い、気にしなかったが、周りの住民が警察が来ていたとうわさをし始めたので、何か起きてからでは遅いと思い相談に来た」

民生委員・児童委員は、地域包括支援センターに知らせたところ、翌日10時に集会所で話し合いを持つことになり、事情を知っている人たちへの声かけを任されました。

翌日、集会所に地域包括支援センターの職員2名が到着した時には、すでに地域役員の2名、文夫さんの義妹の夫（田中さん）、文夫さんの隣家のひろこさん、武さんの隣家の若奥さん（みのりさん）、二人の幼馴染みの浩二さんと里子さん、交番のおまわりさんが集まっていました。

口々に「文夫さんも武さんもどうもおかしい。あんなに仲がよかったのに最近は喧嘩ばかりしている。お互いに家に怒鳴り込んだり、周りに悪口を言いふらしたり、お互い自分が正しいと思っているから困る。最近は近所の者も攻撃されるので避けている」と近頃の様子を話してくれました。

昔から文夫さん、武さんを知っている人たちが集まっているので、情報量が多く、しかもみんなが競って話をするので、少し整理をする意味もあって、持参したホワイトボード（模造紙大の紙状のもの）を広げました。

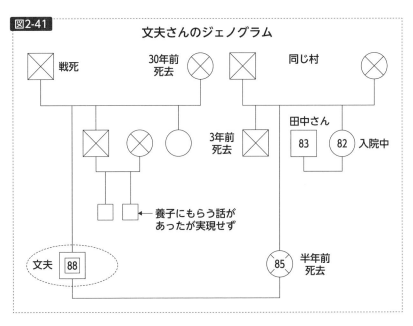

図2-41 文夫さんのジェノグラム

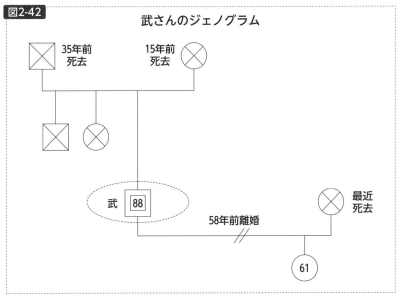

図2-42 武さんのジェノグラム

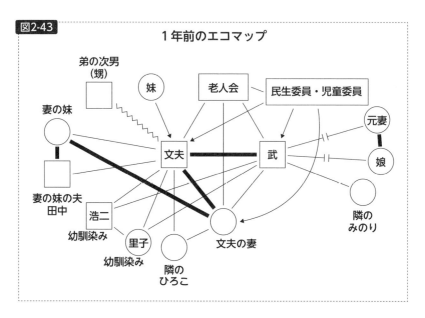

図2-43

1年前のエコマップ

弟の次男
（甥）

妹　　老人会　　民生委員・児童委員

妻の妹　　　　　　　　　　　　　　　　　　元妻

文夫　　武　　娘

妻の妹の夫
田中

浩二
幼馴染み

里子
幼馴染み

隣の
ひろこ

文夫の妻

隣の
みのり

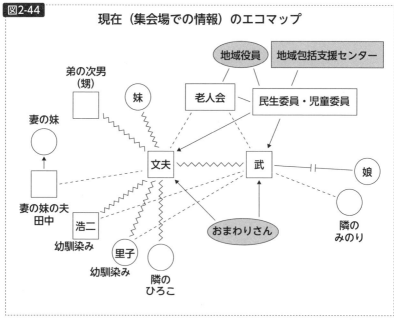

図2-44

現在（集会場での情報）のエコマップ

地域役員　　地域包括支援センター

弟の次男
（甥）

妹　　老人会　　民生委員・児童委員

妻の妹

文夫　　武　　娘

妻の妹の夫
田中

浩二
幼馴染み

里子
幼馴染み

隣の
ひろこ

おまわりさん

隣の
みのり

情報をジェノグラムに落とし、エコマップにしてみると、いろいろな感想が出てきました。「二人とも孤立している」「寂しいだろうな」「文夫さんが武さんを攻撃し始めて、武さんの気持ちもこじれたような気がする」「文夫さんの妻が元気だった頃はよく武さんと三人で食事をしていた。取り持ってくれる人がいなくなったのは大きい。文夫さんの一人になった寂しさが武さんへの攻撃になったのか？」「文夫さんの弟の子を養子にもらう話がうまくいっていればよかったのに」「二人とも身内で頼れる人がいないからお互いに助け合っていたのにどうしてこんなことに？」

　さらにジェノグラムとエコマップを前にして具体的に二人の関係で気になるところをあげてもらうと、
　最初は文夫さんの方からの攻撃だったと思う。文夫さんは「武さんが勝手に家に入りお宝のツボを盗っていった」「うちの釜のご飯を全部食べてしまう」「勝手に風呂に入っていく」「うちのと仲よくこたつに入っていた。今度来たら警察に突き出してやる」と言って怒っていた。武さんだけでなく隣や幼馴染みにも攻撃するのでみんな怖がって近づかない。といった話が出てきました。
　また、「武さんは、自分がしてもいないことを文夫さんに攻撃され、その変化に初めは驚き、やがて寂しくて、孤独感から酒量が増え、反撃するようになったのではないかと思う。今では文夫さんを極悪人のように罵っている。しかし文夫さん以外の人には自分から攻撃的なことはしないので声はかけやすい」といった話を聞くことができました。

　続いて文夫さんの生活で気になることをあげてもらうと、
・妻の死後、幼馴染みや親族（妹）など家に訪ねてくる人がほとんどいない（孤立）
・家の中や日常生活（食事、洗濯、掃除、入浴）の様子がまったくわからない

・庭は荒れ放題
・外で見かける時にはいつも何かに怒っている
・歩き方が不安定でよく転びそうになる
・武さんのこと以外にも不思議なことを言う。「屋根裏に小鳥が数千羽いてうるさい」「警察犬が7匹庭にいてどろぼうが入ってこないよう守ってくれている」「養子にした男の子がときどき居間に座っている」

　武さんの生活で気になることをあげてもらうと、
・いつも戸が開いているので家の中がゴミ屋敷状態なのがわかる
・手助けしたくても「ほっといてくれ」と言われるので何もしてやれない
・ご飯もちゃんと食べているのか心配
・服が汚れているし、かなり臭う
・昼間からお酒を飲んでいるようだ

　これらの情報から、今までの二人の関係や人柄からは考えられない状況にあることがわかりました。
　当初、地域の参加者からは、あんなに仲がよかったのだから話し合わせれば何とかなるのではないか、酒宴でも設けようか、老人会でバーベキュー大会をして仲直りをさせようかなど、地域ならではの善意あふれる提案がありましたが、地域包括支援センターの保健師から「文夫さんも武さんも認知症が始まり、今までのような人間関係や生活が保てなくなったのかもしれない」との見解が出されました。
　地域の人たちは、「これも認知症なのか？」と半信半疑でしたが、保健師の「認知症は脳の病気です」との丁寧な説明を受け、「そうなのかもしれない。病気なら治療しなくては」と受け止めてくれました。
　受診と介護保険サービス利用につなぐ役割を地域包括支援センターの職員が担い、日常の安否確認や食事の差し入れなどはご近所や親族がで

きる範囲でやろうということになりました。また、二人に危機的な状況が起こった場合は、見つけた人が民生委員・児童委員に伝え、民生委員・児童委員が地域包括支援センターと救急車に連絡することを確認しました。

■■ その後の展開

　武さんは、担当者の受け入れもよく、すぐに受診につながり、介護保険サービスの利用も始まりました。受診の結果、アルツハイマー型認知症の初期段階で、ホームヘルパーやデイサービスを活用しながら、今まで通り自宅での生活を続けています。文夫さんから直接攻撃を受けることがなくなったので穏やかにご近所との関係もよく過ごしています。また、食事なしの飲酒を続けてきたために肝機能が悪く、訪問診療による治療も開始になりました。

　文夫さんは、症状からレビー小体型認知症が疑われましたが、そう簡単には受診にもサービスの利用にもつながりませんでした。武さんとは別の担当者がたわいもない雑談をする訪問を重ね、文夫さんの病気から生じる幻視の話を否定せず聴く中で、2か月が経った頃、「文夫さんの話を聴いてくれるお医者さんがいるんだけど」と持ち掛けるとあっさりと「いいよ」と言ってくれました。

　担当者が付き添って受診したところ、レビー小体型認知症と診断され、かなり妄想や幻視があり、文夫さん自身がつらい状況にあるので「お薬の調整のためにしばらく入院しましょう」ということになりました。

　地域では、文夫さんと武さんを大ごとになる前に支援できたことで、認知症は誰もがかかりうる病気だから自分ごととして勉強しようという機運が高まりました。

コメント▶

　困りごとを抱えた人を地域で暮らす人として温かいまなざしで理解でき
た時には、地域から排除するのではなく、包み込む支援ができるのだと思
います。特に長年ここで暮らしてきた人の場合、地域の人たちの記憶をも
とに時系列での変化をみつけ、確認することで、何が起きているのか、ど
う対処すればよいのかがわかってきます。

　地域の人たちと相談機関の担当者がチームとなって支援を展開する時、
地域の人からの多くの情報を有効に活用するために情報の整理のツールと
してジェノグラムやエコマップが役に立ちます。ジェノグラムもエコマッ
プも簡単なルールなので記号の解説をしながら書くと地域の人たちはすぐ
に馴染んでくれます。

退院先のない定年退職後の男性：ジェノグラムの作成を通じて気持ちを立て直す相談

　病院のソーシャルワーカーからＴ市の福祉課へ「意識不明で救急車で運ばれ入院した尚和さん（67歳）の今後について」相談がありました。

■ ソーシャルワーカーからの情報

　尚和さんは、１か月前に公園の駐車場で倒れ、意識不明の重体で救急搬送され、３日後に意識を取り戻しました。病名は、脳梗塞、糖尿病、高血圧。右手足に麻痺が残り、日常生活に介助が必要になりました。入院前は２年間軽自動車で車中泊生活をしていましたが、今後は車での生活は無理なので施設に入ったらどうかと勧めています。軽いもの忘れや思考の混乱はありますが認知症とはいえない状態です。

　連絡のできる親族はいないかと尋ねたところ、自分を気に掛ける身内は誰もいないという返事でした。何とか兄の存在を聞き出し、電話をしましたが「自分の暮らしで精いっぱいであり、自分の子どもたちに弟のことまでは頼めないのでそちらで何とかしてください」とにべもなく切られてしまいました。健康保険証を持っておらず、医療費の支払いについては「別の市で入院した時は、ソーシャルワーカーっていう人が世話してくれて何とかなったよ。また頼むよ」と言っています。

■ Ｔ市福祉課の総合相談担当（社会福祉士）による面接（病院の相談室にて）

　尚和さんは杖をつきながら歩いて登場。ちょっとエラそうな雰囲気を醸し出しています。
担当「病院からおおよそのご事情は聴いています。退院に向けて話し

合っていきたいのですが、よろしいですか。まず、別の市でも入院されたことがあると聞きましたが、その時はどんな支援を受けられたのでしょうか」

尚和「あの頃は、健康保険証を持っていたからなあ。R市でもM市でも年金が出たら病院のATMで下ろして全額支払って退院したよ。また車の生活に戻っただけさ」

担当「年金を受給されているのですね。年金額はどのくらいですか？」

尚和「2か月で20万円。本当はもっとあるんだが、借金しているから引かれてそれぐらいだ。入院費払ったらいくらも残らんよ」

担当「主治医からは何かお話を聞いていますか」

尚和「ここの先生ははっきり言うね。車の運転は無理だと。また車の生活に戻ったら命の保証はないってさ」

担当「それであなたはどうしようと思われていますか」

尚和「どうって。なんかいい方法あるかね。あんた市役所の人だろう？生活保護を受けろなんて言わないでくれよ。わかっているよ、役所の人間が言うことは。国民の権利だから受ければいいんですよって言われてその気になって、さんざんいろいろ聞かれて身内にも連絡とられた挙句に、年金から借金で引かれる分も収入だから無理だって言われ、散々な目にあったんだよ」

担当「それはいやな思いをされましたねえ……。先ほど、どうしたらいいかと聞かれましたが、私はあなたにどうしたいですかとお聞きしたいです。67歳のあなたがこれからどこでどう生きたいのか、どういう生活をしたいのか、それはあなたが決めることだと思っています。あなたの希望や方向性を聞かせていただければ、そこから一緒に知恵を出し合うことは私にもできるかなと思いますが」

尚和「あんたねえ、まだ若いからそんなことが言えるんだよ。希望なんてものあるかよ。なるようになるさ。退職してからは足の向くまま気の向くままで生きてきたんだ。車の生活も最初の1年間は

けっこう楽しかったよ。昔の友人を尋ね歩いたり、ふと目に留まった温泉宿に泊まったりね。これこそ理想のおひとり様の老後だと思ったね」

　担当者は、相談室にあるホワイトボードに横一本の線を引いて、「ここが現在の入院中のあなたです」と矢印を書きました。そこから過去に遡り、時系列で確認していく作戦です。
尚和「何しようってんだ」

　尚和さんは今と向き合うことを避けたがっているが、過去のことなら面白がって話すかもしれない。そう思っての提案でした。

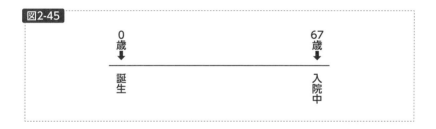

図2-45

0歳		67歳
↓		↓
誕生		入院中

　過去に遡っていくと、抵抗なく話をしてくれました。職場結婚で、現地採用の妻は、全国各地を転々とする生活が合わず、息子が5歳の時には実家に戻り、やがて離婚。一人になってもそれほど寂しいとは思わず、むしろ開放感があったといいます。尚和さんは本社の部長にまで出世しましたが、定年退職後、子会社への再就職を断り、生来の自由奔放な性格から年金と退職金で自由に生きようと決めたそうです。

　時系列の情報を整理する中で、ジェノグラムを書いていくと、生命保険会社の社員だっただけに家系図に馴染みがあるとみえて、興味津々です。

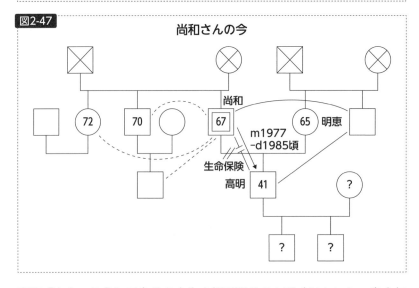

図2-46 　尚和さんの生活史

0歳	D市伝統工芸職人の三男として誕生
15歳	県内有数の進学校に入学
18歳	国立大学の経済学部に入学
22歳	大学卒業、生命保険会社に就職 野球部でも活躍
24歳	以後2年ごとに全国各地に転勤
26歳	東北の支店勤務中に社内結婚 長男誕生
31歳	妻が長男を連れて実家へ戻る 転勤生活に慣れず妻が鬱病になる
32歳	協議離婚 養育費月5万円
？歳	養育費の振込み中断
56歳	息子の結婚祝いに百万円を送る
60歳	部長に昇進
65歳	年金と退職金で生活 会社を退職
66歳	年金から借金 車の生活を開始
67歳	T市で入院中 国保滞納 M市で入院 R市で入院

図2-47 　尚和さんの今

尚和「まあ、こうして自分の人生を振り返るのも悪くはないね。自由気ままに好きなことをして生きてきた。悪くない人生だ。全国各地に友人や部下がいる。一通り訪ねたからこれも満足。……（しばらく沈黙した後）しかし、これからは何をして生きていけばいい

のだろう。訪ねた友人たちには子どもや孫がいた。みんなが家族とうまくやっているわけではなかったが、それなりに家族に囲まれて暮らしているようだった。私も息子が結婚する時には、義弟が知らせてくれたので思い切って百万円の祝儀を送ったが、型通りの内祝いが送られてきただけで息子の声は聴けずじまいだった。あの時、息子が直接お礼の便りでもくれたなら、また違った生き方ができたのかもしれないなあ。これも因果応報かね。

実は生命保険をかけてある。死亡時の受取人は息子だよ。息子はもちろん知らない。

入院も日額1万円出る。前の入院の時も診断書をもらってしっかりいただいた」

担当「それで、尚和さんにはお金に切羽詰まった感じがなかったのですね。お金のことは大丈夫としても、今度は車の生活に戻るのは難しそうですよね。どこかに落ち着くことは考えられませんか？」

尚和「車での生活はあきらめないといけないんだな。いずれは無理な時がくるとわかっていたが、案外早くきてしまった。どこかに落ち着くことを考えてみるかな。もう少し考える時間をくれ」

担当「生まれ故郷で住民票もあるD市、D市周辺の市町、息子さん家族が暮らす東北の町、ここT市、そして賃貸アパート、公営住宅、軽費老人ホーム（ケアハウス）、有料老人ホームと選択肢はいろいろありますよ。これからは、何を、誰を大事に生きていくか、誰とつながって生きていきたいかをゆっくり考えてみてください。私もお力になれることがあれば言ってくださいね」

（ジェノグラムを眺めながら）

尚和「寂しい人間関係だな。住むところが決まったら、まずは兄貴と姉に会いたい。それから、義弟を通じて息子に自分の死後のことを頼んでおきたい。拒絶されるかもしれないが、心からお願いしてみるよ。孫の顔を見せてもらえる日が来るといいなあ」

■ 振り返り

　尚和さんは、担当者のサポートを受け、自分はどんな生き方をしてきたのか、自ら選んで送ってきた生活を振り返り評価することができました。決してプラスの評価ばかりではありませんが、誰かに押し付けられたものではない自分の人生を振り返り、一旦立ち止まって、今という人生の分岐点に立つことができました。そうしてこそ、これからの人生への希望も湧いてくるというものです。尚和さんのこの一連の作業を手伝ったのが、生活史やジェノグラムの作成です。

　尚和さんは、今後、住む場所を決め、介護保険サービスを受けながら生活することになるでしょう。健康保険の問題を解決し、治療の継続が必要です。年金からの借金返済が終われば、少し経済的には余裕ができます。その余裕を何に使うのか、どんな生活を楽しむのか、こういったことの前提となる尚和さんの気持ちを立て直すことが、案外とても大事なことだったと思います。

コメント▶

　今はどうしようもない生活を送っているように見えても、その人なりの経過があり、プライドもあります。支援者側が勝手に哀れな人ととらえず、どんな人生を、どんな価値観をもって生きてきた人だろうかとその人生に興味を持って聴くこと、聴いたことを「見える化」して本人が振り返るチャンスを作ることが援助の大事なポイントになります。

要介護5の妻を自宅で介護することにこだわる 夫：夫の生き方の理解につながった相談

　清さんからの相談は「要介護5の妻を施設から自宅に引き取りたいが、施設側は無理だろうと取り合ってくれない」というものでした。

　妻（ちえ子）が病院から特別養護老人ホームに入居して半年が経ち、入院と合わせると1年近く自宅を離れていることになります。清さんは初婚、ちえ子さんは再婚で、前夫との間に娘が一人います。娘は結婚し、夫と二人暮らしで子どもはいません。

　何とか施設に入れてほしいという相談は多いですが、要介護5の妻を自宅で介護したいという人はそう多くはありません。妻自身や娘は自宅介護について何と言っているのだろうかと気になり聞いてみました。

担当「このことを他の誰かに相談されましたか？」

清　「病院と娘が勝手に施設に入れた。その後、毎日面会に行って返してくれと言い続けているが取り合ってくれない。妻は耳が遠くて会話にならないが、わしと一緒に居たいに決まっている。面会の時のうれしそうな顔でわかる」

　清さんの思いの強さの背景を理解したく、二人の出会いの物語を尋ねてみることにしました。

担当「お二人の出会いを聞かせていただけますか？」

清　「何から話せばいいか。あんたが質問してくれた方が答えやすいなぁ」

担当「それでは、お二人はどこで出会われたのですか。この白い紙にお

図2-48

二人が出会った時

40
清

44
ちえ子

　聞きしたことを書いてもいいですか。記号を使いますね。男が□
　で女が○。これがお二人です」

清　「初めて出会ったのは、飲み屋の客と店員としてカウンター越し
　　だった。わしが40歳で彼女は44歳。４つも年上とは思わなかっ
　　た。とにかく彼女に会いたくて毎日通ったよ」

　清さんの話を聴きながら作成したのが、次のジェノグラムと生活史です
（図２-49）。

　清さんは、「かわいそうな女なんだ。自分が守ってやりたい。自分しか
いないんだ」と涙ぐみながら話してくれました。また、ちえ子さんは子
どもの頃から小学校にもろくに通えず、ひらがなしか読めないこと、前
夫の暴力から逃れ、女性としてつらい仕事ばかりをしてきたことをまる
で自分の人生のように事細かく語ってくれました。

　清さんがちえ子さんの出身家族のことまでもよく知っていることに感
心するとともに、自分自身のことはあまり語らないことに気づきました。

担当「ちえ子さんの生い立ちや亡くなったごきょうだいのことまでよく
　　ご存じですね。二人でよく話をされていたのですね。今度は、清
　　さんご自身のことを聞かせていただけませんか?」

　清さんは自分の生い立ちを語り、これまでのちえ子さんとの関係を話
してくれました。

清　「わしの人生もひどいものだろう。彼女と境遇が似ている部分もあ
　　るから、彼女が愛おしいのかもしれんなあ」

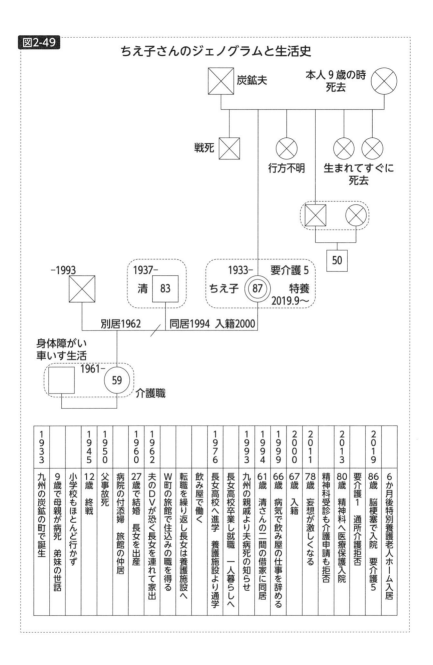

図2-49

ちえ子さんのジェノグラムと生活史

1933		1945	1950	1960	1962			1976		1993	1994	1999	2000	2011		2013		2019
九州の炭鉱の町で誕生	9歳で母親が病死　弟妹の世話	小学校もほとんど行かず	12歳　終戦	父事故死	病院の付添婦　旅館の仲居	27歳で結婚　長女を出産	夫のDVが恐く長女を連れて家出	W町の旅館で住込みの職を得る	転職を繰り返し長女は養護施設へ	飲み屋で働く	長女高校へ進学　養護施設より通学	長女高校卒業し就職　一人暮らしへ	九州の親戚より夫病死の知らせ	61歳　清さんの二間の借家に同居	66歳　病気で飲み屋の仕事を辞める	67歳　入籍	78歳　妄想が激しくなる	精神科受診も介護申請も拒否	80歳　精神科へ医療保護入院	要介護1　通所介護拒否	86歳　脳梗塞で入院　要介護5	6か月後特別養護老人ホーム入居

図2-50

清さんのジェノグラムと生活史

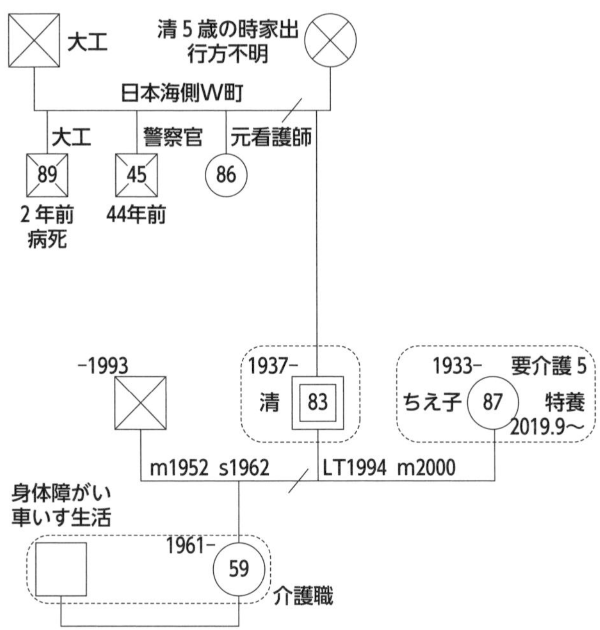

大工 ／ 清5歳の時家出 行方不明

日本海側W町

大工 89 2年前病死 ／ 警察官 45 44年前 ／ 元看護師 86

-1993 ／ 1937- 清 83 ／ 1933- ちえ子 87 要介護5 特養 2019.9～

m1952 s1962 ／ LT1994 m2000

身体障がい 車いす生活 ／ 1961- 59 介護職

1937	日本海側の山間のW町で誕生
	5歳の時母親が家出 行方不明
	3つ上の姉が世話をしてくれた
1945	8歳 終戦
1952	15歳 大工の見習いに
	大工の見習いを1年で辞めた後、運転手や土木現場を転々とした。日雇いだったため、雇用保険や厚生年金には加入しなかった。父親は大工の棟梁として人望も厚く、期待に応えた一番上の兄に跡を継がせた。二番目の兄は高校を卒業後警察官になった。残念ながら45歳で殉死。姉は授業料免除の看護学校で学び、総合病院に勤め、医師と結婚。
1977	40歳頃ふと入った飲み屋でちえ子と出会う
	常連客になりすぐに交際へ
	ちえ子の生活費の援助を開始
1994	57歳 同居
1999	62歳 土木の仕事を続ける
2000	63歳 入籍
2011	74歳 仕事を辞め生活保護受給
	ちえ子のことを地域包括支援センターへ相談、精神科へ入院させる
2014	ちえ子を半ば強引に退院させる
	介護保険サービス利用せず
2019	ちえ子が骨折し入院。毎日面会に行き、半日病室で過ごす
	ちえ子が特養に入居。毎日面会に行き、半日居室で過ごす
2020	自宅で介護したい

清　「あんたは私たち夫婦のことを仲がいいと思っているだろうが違う
　　んだ。ちえ子さんは、わしの家に転がり込んできてからも、籍を
　　入れてからも、ずっとわしを拒んできた。自分の部屋に鍵をつけ
　　て一歩も入れてくれなかったんだよ。それでもわしを頼ってきて
　　くれた。それで十分だったんだ」

担当「そうなんですね。ちょっとびっくりしました」

清　「わしはきょうだいの中で一人だけできが悪かった。誰からも褒め
　　られず、頼られず、友達もいなかった。ずっと孤独だったんだよ。
　　正職にも就けず日雇いの仕事ばかりしてきた。自分より大変な人
　　生を歩んできたちえ子さんに生活費の援助をするようになって働
　　き甲斐も感じたし、自分を頼ってうちにきてくれた時には天にも
　　昇る気持ちだった。世間でいう夫婦にはなれなかったが、一つ屋
　　根の下にいるだけで幸せだった。こんな自分のところに来てくれ
　　ただけで感謝している。だから、不自由な体になったちえ子さん
　　を見捨てるわけにはいかない。自分が後悔しないように精いっぱ
　　いこの手で介護してやりたい」

　彼女から同居を求めたのはなぜだろうか。清さんはそのことをどう解
釈しているのだろうか。不思議に思い聞いてみました。

担当「知り合って17年後にちえ子さんの方からあなたのところに来られ
　　たんですね？」

清　「ちえ子さんは飲み屋を辞めて仕事を転々としていた。生活費を渡
　　していたから必ず次の仕事場には連絡してきたが、自分のアパー
　　トは決して教えてくれなかったんだ。どうもそのアパートを追い
　　出されたらしいが詳しいことは何も言わなかったし、聞きもしな
　　かった。ただ、しばらくここにおいてくれとやってきたんだよ」

担当「入籍はどんな経緯で？」

清　「これもちえ子さんの方から籍を入れようと言い出した。わしに異論はなかったから理由なんてどうでもいいと思って聞きもしなかった。別居中の夫も亡くなっていたから問題はなかった」

担当「それでも部屋には鍵を？」

清　「去年、彼女が部屋で倒れて助けを求めているのに入れず、窓ガラスを壊して外から入るまではずっと鍵をかけていた。想像はしていたが初めて見る彼女の部屋はゴミだらけの汚い部屋で、入院中に片付け始めて今も続けている。今は、いつ帰ってもいいくらいに片付いているよ」

　施設に入居する時に積極的に関与したという娘さんとは日頃交流があるのか、在宅介護になった時には助けてもらえるのか聞いてみました。

担当「娘さんとはどうなんですか？」

清　「入院中見舞いに来たのは１回だけ、施設へ移る時に付き添ったきりあとは１度も面会に来ていない。施設へ入る時にわしとかなり揉めたからなあ。あれ以来１度も会ってない」

担当「娘さんは夫の在宅介護をしながら介護職として働いておられるのですね。在宅介護の大変さがわかっておられるのかもしれませんね」

清　「娘は施設で育ったから、母子の絆はそれほど強くないよ。母親の苦労など理解できないだろう。だから簡単に施設に入れたんだ。娘のことはあてにしていない。わし一人で何とでもなる」

　こういう生き方を選択する人もいるのだなあと思いました。大変な介護を背負ってまで一緒に暮らしたいと思う気持ちも理解できましたが、意思表明できないちえ子さんが本当に清さんに介護されることを望んでいるのかはわかりません。拒否できなくなったちえ子さんだからこそ手

元に置いて自分の気持ちが満足できるまで世話をしたいと思っている清さんの一方的な解釈かもしれません。同居してからの長い年月、自室の鍵を外さなかったちえ子さんの行動から察するに、清さんに介護されることを望んでいるとは思えないのでした。

▍ その後の経過

　担当者は、入籍後もちえ子さんが清さんに干渉されたくないという強い意思表明をしていたことなどを踏まえ、ちえ子さんはどんな価値観や志向、嗜好を持った人かをあれこれと語り合う面接を清さんと重ねました。

　「自分が守るべき女性」と思い込んできたが実はかなり自律した女性ではないか、生活の便宜上、清さんを利用したかもしれないが、依存はせず誇り高く生きてきたのではないかといったことが清さんの口から語られるようになりました。やがて、「現在のような要介護状態でわしの世話になりたくはないかもしれない。彼女のプライドが許さないかもしれない。屈辱と感じるかもしれない」と漏らすようになりました。そして、清さんは「自分の生きがいや存在価値の確認のためにちえ子さんを傍に置いておきたいのではないか」「それは利己的なことではないか」といった自問自答を繰り返していきました。だからといって、自宅介護を諦めたとは決して言いませんが、強引に引き取る行動もしません。ひょっとしたら、本当に自宅介護を望んでいるというよりもこの自問自答に付き合ってくれる誰かと出会いたかったのではないかとも思いました。

▍ 振り返り

　支援者側は、経緯を聴かずに、選択内容の理不尽さに目を奪われ、その理不尽さを理解させようと正論を説いてしまうことがあります。けれ

ども、少数派の選択をする相談者にもそれなりの理由があり、なるほどなあと思うことがあります。ジェノグラムを使って、時間軸で話を聴き、一緒に来し方を振り返ることで、選択内容そのものは積極的に支持できなくとも、それを選んだことへの理解を寄せることができます。

　清さんがなぜ無謀とも思える「要介護5のちえ子さんを自宅で介護するために特別養護老人ホームから連れて帰る」ことを主張するのか、なぜ周囲の反対理由に耳を傾けられないのか、ジェノグラムや生活史を一緒に作成したからこそ、批判や説得ではどうにもならない清さんの思いを知ることができました。

　これは「妻の介護の相談」ではなく、清さん自身の、今は思い通りにできるちえ子さんとの関係を含めて「これからどう生きていくのか」という「生き方の相談」であり、清さん自身の選択と実行に寄り添うことのできる担当者が必要なのでしょう。

コメント▶

　未来に希望を持たないわけではなく、しかし明確にこれからの生活を描くことができているわけでもない高齢者がたくさんいます。語り合う相手がいないので、後悔や否定的解釈に支配され、自分の人生は失敗だったと負の清算をしている人やそれを取り戻そうとして無理をしている人も多いと思います。そんな高齢者には、人生を振り返り、これからの人生をどう生きるかの自問自答に付き合うという相談の在り方があってもよいのではないかと思います。

要介護状態の夫のＤＶに悩む妻：
息子を失った悲しみが語られた相談

■ 相談申し込みの電話

　高齢者相談室にかかってきた一本の電話から相談が始まりました。同居家族と相談内容を確かめると、電話口から「もうじき夫が帰ってくるので、長く話はできない。できれば、夫がリハビリに通っている時間に相談に行きたい」とのことでした。相談日の約束をして電話は切れました。

　後日、約束の日時にやってきたのは、高齢の女性でした。まず、担当者の自己紹介と女性の名前（蓉子、80歳）の確認。その後、先日の電話での内容を確認することから相談は始まりました。

担当「先日の電話では、夫が帰ってきたら話ができないというようにおっ
　　　しゃっていましたが……」

蓉子「私の行動について、細かく詮索します。電話についても、誰から
　　　かかってきたとか、何を話しているのかとか……」

担当「今回、相談に来られたことは？」

蓉子「もちろん、黙っています。この時間はリハビリに通っている時間
　　　なので、週に２回、唯一の息抜きの時間です」

担当「それは、貴重な時間によく来ていただきました。どのようなこと
　　　でお困りですか？」

　このような問いかけにより蓉子さんは話し始めました。

蓉子「現在は私と夫の秀一（85歳）との二人暮らしです。今の家には約
　　　20年前に引っ越しました。10年前に一人息子の秀彰を亡くして
　　　います。３年前に夫は肺がんの手術をしたのですが、その後、要

介護状態になりました」

担当「このような感じですか？」

話を聞いて、目の前でジェノグラムを作成しました。

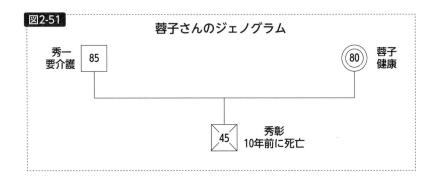

担当「改めて、秀一さんのことを教えてください」

蓉子「仕事は地方公務員でした。真面目で堅物なので、公務員の仕事は
　　　合っていたのかもしれません。もともと細かい性格で、家では短
　　　気でした。若い頃から私に対する暴力もありました」

担当「現在、介護保険サービスを受けておられるのですか？」

蓉子「はい。介護保険サービスの職員さんは、夫の性格も理解した上で
　　　対応してくれますので、目立ったトラブルはありません。外面は
　　　いい人なので……。でも、二人きりになると、私にきつく当たり
　　　散らします。身体が不自由になってからは、自分の思い通りにな
　　　らないと、暴言や暴力がさらに激しくなりました」

担当「これまでは、どのようにされていましたか？」

蓉子「以前は、私の姉や妹に愚痴を聞いてもらったり、近所の信頼でき
　　　る人に聞いてもらっていました。たまに、夫のお姉さんにも話し
　　　たことがあります。でも今は、それぞれ亡くなったり、高齢にな
　　　り、段々連絡がとれなくなりましたので、誰にも話せません」

話を聞きながら、出てきた人物をジェノグラムに追加しました。

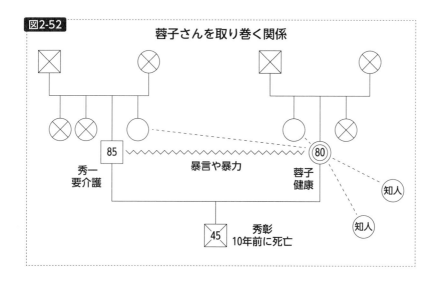

改めて、蓉子さんの孤立感の強さや深さがイメージできるものとなりました。

担当 「これまでは周りの方の協力も得ながら、やってこられたのですね。
　　　秀彰さんから見ると、ご両親はどのように映っていましたか？」

ジェノグラムに登場した一人息子のことを話題にしたところ、蓉子さんは、次のように語りました。

「いつ離婚してもおかしくないと思っていたのではないでしょうか。というのは、これまで、何度となく夫婦で揉めることがあり、離婚届を渡されたこともあります。『出ていけ』と言われたことも１度や２度ではありません。息子もそれを見ていました。離婚届にはハンコを押して、署名もしているのですが、この年になったので出す気はありません。揉める度に、姉や妹、知人が仲裁してくれました」

「実は誰にも言っていないつらいことがあります。11年前の秋に揉めていた時のことです。ちょうど、この年の夏頃に息子の肺がんがわかり、手術を受けましたが、既に手遅れでした。息子が亡くなった時、『お前が秀彰を殺したんだ』と厳しい口調で言われて、とても傷つきました。今でもそのことを思い出す度に、とてもつらい気持ちになります。本当は、夫と別れたら、このようなつらい思いをしなくてもすむとわかっているのですが、今さら、どうしようもないし……」

とても静かな口調でしたが、胸に溜まっている感情をゆっくりと吐き出すように涙を流しながら、話された姿が印象的でした。改めて、秀彰さんを亡くした悲しみが癒されていないことを痛感することになりました。

■ 振り返り

高齢者だけで生活している場合、支えてくれる人の確認といった意味でもジェノグラムはわかりやすいツールです。

高齢期は身体機能の低下、社会的役割の変化や喪失、さらには、配偶者や親しい人の死などといったさまざまな「喪失体験」が積み重ねられます。

蓉子さんの場合は、予想しなかった息子さんの死と、さらには突き刺さるような夫の言葉に深く傷ついたことでしょう。大切な家族を亡くした悲嘆の感情を十分に表出できず、さらには、その時の深い悲しみを押し殺したまま、喪の作業も十分ではなかったと想像されました。そのことが年老いた夫婦関係にどのような影響をもたらしたのかは定かではありません。

今回の相談は「夫の介護問題」から始まりましたが、ジェノグラムを目の前にして、息子を亡くした深い悲しみの一端と夫に対するわだかま

りの感情が見えてきました。蓉子さんの相談は、こうした感情を少しでも誰かに受け止めてもらうグリーフケアの必要性に気付くことになりました。

コメント▶

　本章第2節（児童分野）の事例Ⅳやこの事例のように、家族の歴史を尋ね、ジェノグラムやエコマップを作成していくと、大切な家族を喪(うしな)ったことによる大きな喪失体験を抱えていると思われるケースに出会うことが少なくありません。本章第2節（児童分野）の事例Ⅴのケースのような、あいまいな喪失についても同様です。個人の悲嘆や喪の作業がどのようになされたかについても、関心を寄せておくことは支援の一側面として、大切なことといえるでしょう。

　もちろん、家族関係の思いがけない変化は、家族の構造やそれ以外の家族のパターンにも影響を与えることについて、留意しておきたいところです。

---

mini column　喪失や悲嘆などについて

　喪失、喪失体験（ロス）：死別や失恋、卒業に伴う親友との別れ、転居等
　悲嘆（グリーフ）：喪失に対する心や体の反応に伴う情緒的反応であり、本来は正常なもの（悲しみ、落ち込み、憂鬱感、無力感等）
　悲嘆に対する支援（グリーフケア）：喪失に対する情緒的反応を適切に表出できるような支援（カウンセリングやグループへの参加）
　喪の作業（モーニングワーク）：時間の経過とともに悲嘆の強さが軽減され、日常生活を取り戻せるようになるためのプロセスであり、支援でもある

事例 Ⅵ

ジェノグラムを用いた事例検討会：
高齢者虐待の疑いのある事例相談

　5月の連休明け、ケアマネジャーから地域包括支援センターに相談がありました。「長男から暴力を受けている信夫さんの安全確保のため、早急に施設入居を進めたい。しかし、信夫さん自身は施設を拒否し、長男は積極的に父親を説得しようとはしない。今後どうしたらよいか困っている」というものでした。

　地域包括支援センターの職員は、虐待の相談ならば市の担当者にも連絡し、他の職員も一緒に話を聞いた方がよいだろうと判断し、集まってもらいました。

■ ケアマネジャーの話

夫　：信夫、84歳、男性、理容師、店舗兼自宅の3階建てビルに長男と
　　　二人暮らし、要介護2、アルツハイマー型認知症、心筋梗塞
妻　：敏枝、78歳、理容補助、脳梗塞、要介護5、今年1月に病院から
　　　特別養護老人ホームに入居
長男：太郎、55歳、理容師、父：信夫の店で働いている、父と二人暮ら
　　　しで介護者
次男：二郎、52歳、理容師、隣の市で自分の店を経営している、パート
　　　ナーとマンションで暮らす

　昨日、信夫さんのかかりつけ医からケアマネジャーへ電話がありました。
　「叩かれたと思われるアザや傷をみつけた。診察に付き添ってきた息

子に確認したところ、デイケアを拒否、仕事をすると言って強引に店に出てくるので、ついカッとなって手をあげてしまったと言っている。頑固な爺さんだから、息子の言い分もわかるが、アザの付き具合から、暴力は日常化している可能性が高い。双方のために、施設に入居させた方がよい。ケアマネジャーのあなたが何とかしてください」というものでした。

　ケアマネジャーは、最近の信夫さん親子の様子から自分も施設を勧めようと考えていたので、すぐにお店を訪問しました。

■ 理髪店での面接の様子

ケアマネ「○○医院の先生から連絡をもらったので、突然ですが訪問しました」

信夫　　「お客さんが来たら、帰ってくださいよ。それまでならいいけどね。いくら勧めてもデイケアには行かないよ」

ケアマネ「信夫さん、以前からお勧めしていたことですが、そろそろ施設で暮らしませんか？　男所帯で、お店もあって、息子さんが相当大変な思いをしているのではないかと○○先生も心配されていましたよ」

信夫　　「何を言っているんだ。まだ私は現役だぞ。息子一人ではこの店は無理だ。施設なんてとんでもない。お母さん（妻のこと）も私の知らない間に施設に入れられたんだぞ。ここは、私の店。息子は私まで追い出そうというのか！」

太郎　　「……」

ケアマネ「息子さんはどう思っておられますか？」

太郎　　「父はこんな調子なので、施設には入らないですよ。リハビリにも行かないで仕事を続けると言い張るのですから。母のことで私を恨んでいます。父に黙って施設に入れたのは本当に

　　　　悪かったと思っていますが、父もこんな状態で相談もできず、
　　　　病院からも退院するように迫られ、施設を強く勧められて仕
　　　　方がなかったんですよ」
ケアマネ「今のままで、息子さんやっていけますか？」
太郎　　「やっていくしかないでしょう！」
ケアマネ「信夫さん、息子さんのことも考えてあげないと。息子さんが
　　　　　倒れてしまいますよ」
信夫　　「帰ってくれ！　あんたも、ヤブ医者も息子とグルになって私
　　　　　を追い出すつもりだな。私の家なんだぞ。なぜ出ていかなく
　　　　　てはいけないんだ！」

■ 事例検討

　　地域包括支援センターの職員が「私たちは信夫さんと家族のことをほ
とんど知らないので、一旦施設入居の件は横に置いて、信夫さんと家族
について私たちが理解できるよう情報を出して事例検討をしませんか？」
とケアマネジャーに提案しました。

司会「それでは、家族理解のジェノグラム事例検討を始めましょう」

　　参加者は地域包括支援センターの職員３名とケアマネジャーの計４名
です。地域包括支援センターの主任ケアマネジャーが司会を担当しまし
た。

ステップ１（妄想タイム）

　　ケアマネジャーが出す家族構成の情報を書記がホワイトボードに手早
く書いていきます。
司会「このジェノグラムを見てどんな家族かを想像して自由につぶやい

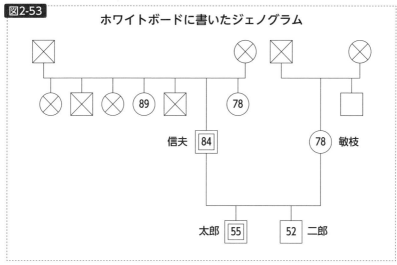

図2-53 ホワイトボードに書いたジェノグラム

※ステップ1（妄想タイム）はジェノグラムのみで行うことが多い

　　　てみましょう」

・戦前から続いている由緒ある理髪店で、長男も次男も亡くなり、三男の信夫さんが家業を継いだ

・6歳下の妻は、信夫さんの妹と同い年の友達。よく遊びに来ていて、信夫さんが見初めた

・息子たちは小さい頃、親の仕事場で育った

・三つ離れて次男が生まれたので、妻はしばらく専業主婦をしていた

・長男は跡継ぎの自覚が強く家を継いだが、次男は家を出て自由に暮らしている

等々、いろいろなつぶやきが出ました。

　ジェノグラム事例検討では、実際の事例情報を詳しく出す前に、各自あれこれと自由に発言する時間を持つことがあります。多少荒唐無稽でも、根拠があればかまいません。固定観念や偏見に縛られがちな頭を柔

らかくして、家族にはいろいろな可能性があることを確認します。あとで実際の家族情報を聞いた時、「起こりそうなことが起きているなあ」と思うこともあれば、「えーなんで？」と意外な感じを受けることもあります。実際の家族との類似もギャップもどちらもその家族の選択の結果であり、家族の決定のパターン、家族の特徴を知る糸口になります。

ステップ2（質問タイム）

　空想、妄想したことを確認する質問や基本的に知っておきたい情報を聞く時間です。自由に質問し、ケアマネジャーが答えます。書記は、ホワイトボードのジェノグラムや余白に情報を書き足していきます。ここでは、起こっているかもしれない虐待行為にとらわれず、この家族の構造について質問を重ねていきます。

　ホワイトボードの情報は、可能な限り記号や簡潔な言葉で書き、事例検討の参加者が情報を共有しやすいように心がけます。

司会「今の空想、妄想も踏まえて、ケアマネジャーに信夫さんと家族の
　　　ことを質問しましょう」
　このケアマネジャーは、担当してからの時間が長く、信頼関係も築いてきたので、信夫さん家族のことをよく知っていました。

【質問例】
「信夫さんの出身家族について教えてください。理髪店は親の代からのお店ですか？」
「信夫さん夫婦の馴れ初めはご存知ですか？」
「自宅と店が同じ建物での仕事と子育ての両立は、妻の敏枝さんにとってどんな毎日だったのでしょうか。子どもたちは保育園には入れていたのでしょうか」
「息子が二人とも理容師になったことや店の後継者はどんな経緯で決まったのか知っていますか」

【質問によって明らかになった信夫さんと家族の情報】

　信夫さんは、県内の田舎町で七人きょうだいの6番目として生まれました。上の姉二人と次兄は子どもの時に亡くなり、長兄が戦死し、母親は信夫さんが11歳の時（終戦後）に病死、父親と姉と妹の四人家族となりました。父親は小さな町工場で働き、5つ年上の姉が母親代わりに家事を担っていましたが、16歳で信夫さんが理髪店の住込み見習いになって1年後、17歳の時に父親が工場の事故で亡くなりました。家には姉と妹が残され、信夫さんのわずかな給料から生活費を渡し続けたので、今でも姉と妹とは信頼関係があります。

　26歳の時に20歳の敏枝さんと職場結婚。同時に独立して小さな店を構え、夫婦二人三脚で店を盛り立ててきました。二人の息子に恵まれ、家族揃って賑やかに夕食をとる仲のよい家族で、その中心にはいつも明るい敏枝さんがいたそうです。30歳の時に思い切って1階が店舗、2、3階が住居の3階建ビルを建て、その後地元の理容業界では成功者として認められるようになり、長年、業界の役員を務めてきました。

　敏枝さんには弟が一人いて、信夫さんは義弟を可愛いがり、今も交流があります。双方の親が若くして亡くなったので、助けてくれる人もなく、店、家事、育児と働き通しの生活でしたが充実した毎日だったようです。敏枝さんは68歳の時、軽い脳梗塞を起こし入院、半年後退院し麻痺が少し残る体で10年近く仕事を続けました。ちょうど1年前の5月、脳梗塞を再発し入院。要介護5となり、今年1月に病院から特別養護老人ホームに移りました。

　長男の太郎さんは、地元の専門学校を卒業後、国家試験に合格し、父親の店に入りました。独身で、バイクを一緒に楽しむ仲間がいます。信夫さんは店を太郎さんに譲らず、未だに従業員扱いをしています。敏枝さんが経理を担当していましたが、2度目の入院を機に太郎さんが担当するようになりました。しかし、信夫さんも太郎さんも経理は苦手で敏枝さんに任せきりだったため、わからないことばかりで大変だったよう

です。家計管理の方も敏枝さんがしていたため、自動引き落としになっているもの以外は支払いが滞る事態になっています。

　次男の二郎さんは、都会の専門学校を卒業して数年働いた後、26歳で地元に戻りました。父親の店で２年間働いた後、隣の市に店舗を構え、

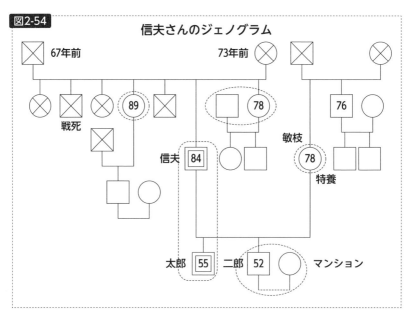

図2-54

信夫さんのジェノグラム

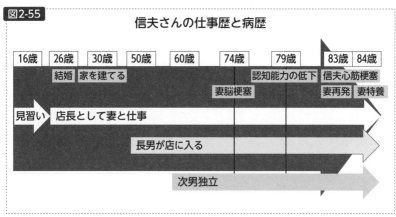

図2-55

信夫さんの仕事歴と病歴

今では都会的センスが売りの人気店になっています。マンションにパートナーと二人で暮らしていますが子どもはいません。出店の際、二郎さんは信夫さんに、不動産はすべて兄の太郎さんが相続する代わりに、自分には生前贈与という形で出店の資金援助を求めたと聞きました。同時に両親のことも兄にすべて任せると宣言したそうです。

　５年ほど前に、信夫さんの様子がおかしいと感じた敏枝さんが説得し、いやいや受診した結果、初期のアルツハイマー型認知症と診断されましたが、信夫さんは認めず、仕事を続けています。しかし、介護保険サービスは、敏枝さんの負担を軽くするためにと納得し、ホームヘルパーを利用しています。信夫さんは去年の４月に心筋梗塞で１か月入院し、退院後は要介護２となりましたが、未だにお客さんが自分を求めていると信じて店に出ています。このことも太郎さんの負担を大きくしているようです。

ステップ３（家族の見立て）

司会「今までの情報から、信夫さん家族はどんな家族か考えてみましょう」

　ジェノグラムと生活史を見ながら、自由に発言し、書記はホワイトボードにメモします。

【発言内容】

・信夫さんは70年近く理髪店で働き、60年近くは経営者だった。未だに引退していない。自営業の人は、自分で引退という区切りをつけなければならないが、信夫さんは区切りをつけられないまま認知症になり、決断できなくなったのではないか。
・そもそも太郎さんが店を継ぐ話は、24年も前、二郎さんの出店資金の援助に絡み二郎さん主導で決まり、信夫さんも太郎さんもそれに異議

を唱えなかったという経緯がある。

・太郎さんは二郎さんに方向性を決められた形だが、今まで太郎さんの気持ちを聴いた人はいるのだろうか。

・信夫さん夫婦は60年近く仕事も生活も共にしてきた。店舗兼自宅のビルは二人の城でもあり、戦場でもあったのだろう。今まで言葉で表現しなくてもあうんの呼吸でやってきた二人が相方を失った時のダメージは大きいだろう。

・信夫さんの「自分の知らない間に敏枝さんが施設に入ってしまった」ことに憤る気持ちや施設に入りたくない気持ちはよくわかる。

・信夫さんは、自分の姉妹や義弟にも頼られ、いつも一族の大黒柱だった。ずっと頼られる側で、弱みを見せられるのは敏枝さんだけだったのだろう。敏枝さんが一緒に居た頃は日常の決定については敏枝さんが調整し問題なく回っていたのだろう。

・今までにいくつかの世代交代のタイミングはあったが、誰も主体的に選択をしないまま今に至っている。信夫さんはなぜ未だに太郎さんに店を譲らないのだろうか。太郎さんのことをどう評価しているのだろうか。

・経理は敏枝さんが入院したことで、太郎さんがせざるをえなくなった。主体的に変化を起こすというより外圧からの変化を受け入れる人たちなのかもしれない。

・店主であり家長であると自負している信夫さんが気持ちよくその座を太郎さんに譲ることができ、太郎さんが心から跡を引き受けることができたら、二人の葛藤は解消されないだろうか？

・太郎さんと二郎さんとで、両親が何を望んでいるか、何を叶えてあげられるかを話し合ってみるのも必要ではないだろうか。店を継ぐことと両親の介護を引き受けることはイコールではないことを話し合えたらいい。

ステップ4（支援の方向性）

　なかなか自力では区切りをつけられない二人であることがわかってきました。

　そこで、司会が「暴力が心配だからといって、この段階で信夫さんを強引に施設入居させたら、この家族はバラバラになってしまいそうですね。信夫さんの引退と店主交代が円満にできたら葛藤が解消するかもしれないという仮説を取り上げて、実行できるよう作戦を考えてみませんか」と提案しました。

【発言内容】
・信夫さんが後継者を太郎さんと認め、太郎さんも店を引き受けていくつもりなら、店主交代のセレモニーを信夫さんの功績をたたえ祝うパーティー形式で開いたらどうだろう。二代目店主のお披露目も兼ねて。
・義弟はまだ76歳だから、もし元気なら信夫さんと太郎さんの調整役をお願いできないだろうか。信夫さんの妹夫婦も協力してくれないだろうか。
・二郎さんに協力を頼んだらどうだろうか。推進力がありそうだ。店を兄に任せた以上、店のことも両親のことも口出ししたらいけないと思っているのかもしれない。協力してくれる可能性はあると思う。

　信夫さんを何としても早急に施設に入れて、太郎さんの暴力から保護しなければと思っていたケアマネジャーが、目を輝かせながらこのセレモニーの案にのってきました。

■ その後の展開

　ケアマネジャーは、信夫さんが太郎さんを後継者と決めていること、

太郎さんは性格がおとなしく無口で自分の意見を言わないので交代を言い出せなかったことなどの事情を聴き、太郎さんには店を引き受ける覚悟があることを確認しました。また、信夫さんは、妻がいない生活がどんなに寂しいかを語り、自分の知らないところで妻の施設入居が決まったことはどうしても許せないのだと訴えました。ケアマネジャーが義弟夫婦に状況を説明すると、快く調整役を引き受け、信夫さんの話を何度も聞いてくれました。義弟から二郎さんに連絡すると、二郎さんがパーティーの企画を引き受け準備を進めてくれました。ホテルに親族、関係者が集ってのパーティーには、敏枝さんも車いすで参加。信夫さんの引退と店主交代、信夫さん夫婦への長年の慰労、太郎さんへの激励、親族の懇親など、いくつもの意味を重ねて開かれました。

　信夫さんが引退後をどう過ごすかはこれからの課題ですが、敏枝さんの入居先の施設長から、利用者の散髪ボランティアをお願いできないかという話がきています。そこには、併設のデイサービスもあるので敏枝さんの面会を兼ねて通所してくれるかもしれません。

コメント▶
　虐待の疑いがある場合、関係する専門職はどうしても安全第一に考え、虐待している人とされている人を分離することを優先してしまいます。すぐに分離しなければ命や生活を守れない場合は仕方ありませんが、周りが安易に家族をバラバラにしてしまうことは極力避けたいものです。
　ではどうしたらよいか？　そんな時には、ジェノグラムを用いた事例検討をお勧めします。信夫さんのようにどの家族もさまざまな課題に直面しながらそれなりに生活してきた歴史があります。家族の歴史には、その家族の大切なものや課題への対処の仕方など、今起こっている問題解決に活用できる力がたくさん詰まっています。家族を丸ごと理解することで思わぬ解決策がみつかることがあります。

第3章
ジェノグラムインタビュー
の実際

相談面接場面において、ジェノグラムを聴き取ることを念頭に、さまざまなワークショップで「ジェノグラムインタビュー」を実施しています。

　参加者同士が聴き手、話し手の二人一組で行う場合もあれば、観察役を交えての三人一組の場合もあります。それぞれが役割を交代して行います。時間は、その場の状況に合わせて、ワンセッション15分〜30分と幅があります。大切なことは相手の言葉を丁寧に広げていく問いかけの工夫です。なお一般的な面接時間は60分〜90分ですが、ジェノグラム作成を意識した時間はそのうちの15分〜20分程度です。

　この章では、あるワークショップの場で、実際に行ったジェノグラムインタビューを録音し、それを文章に編集したものを中心に、ジェノグラムインタビューの一コマを紹介します。

　第1節は「面接の実施と振り返り」として、各15分の面接を前半と後半に分けて2回実施しました。随所にコメントを入れ、面接終了後には簡単な振り返りを行っています。

　第2節は「家族の歴史と物語を聴く」として、第1節の面接を受けて、引き続き家族の物語に焦点を当てた面接を約20分実施しました。

　聴き手は著者の一人である千葉（C）、話し手は編著者の早樫（H）が担当しています。

　聴き手の質問や話し手の言葉、また、面接に関するコメントを参考にして、自分ならどのような問いかけをするかを考えながら読み進めてください。面接（問いかけ）がさらに深まることになるでしょう。

第1節　面接の実施と振り返り

① 前半の面接

【聴き手と話し手のやりとり】　　　　　【面接に関するコメント】

C/H：よろしくお願いします。

C：ご家族のことを教えていただけますか？

H：今は妻と二人で住んでいます（図3-1）。　　　　「今は…」という言葉を受けて、面接をつなげようとしています。

C：今はというと、二人でお住まいになって、どれくらいですか？

H：3年目の後半です。

C：ご夫婦の名前を教えてください。　　　　夫婦の名前を確認しています。基本的なことですが、重要なことです。引き続き、年齢も確認しています。

H：私は一男で、妻はかよといいます。漢字にすると香と代です。

C：この字で間違っていませんか？（ジェノグラムを見てもらいました）

H：はい。　　　　※年齢や名前はタイミングを外すと聞きづらくなりますので要注意です。

C：年齢を教えてもらっていいですか？

H：私は66歳です。妻は60歳です。

図3-1

夫婦

一男　66　　　　　　　　　　　　　60　香代

C：一男さんのお仕事は？

H：児童福祉施設の施設長です。

C：奥様は？

H：専業主婦です。

C：先ほど、今は二人でということでしたが、その前はどんな感じですか？

H：その前というと、そもそも子どもは四人です。

C：お子さんの性別と現在の年齢を聞いてよろしいですか？

H：長男35歳、次男33歳、三男31歳、長女29歳です。

C：お子さんのお名前は？

H：長男はなおとです。漢字にすると<u>直</u>と<u>人</u>です。次男は<u>ともや</u>、友達の<u>友</u>に<ruby>也<rt>なり</rt></ruby>という字です。

C：名前はどのように？

H：夫婦で相談して決めました。「はやかし」という名字は響きが硬いので、ソフトな響きがいいと思って、<u>なおと</u>、<u>ともや</u>としました。漢字の画数なども考えたり、名づけ方の本を何冊か買ったりもしました。

C：三男さんのお名前もご夫婦で相談して決めたのですか？

H：実は、男三人はしりとりになっています。長男と次男はそのようなことを意識した訳ではありません。三男だけそのようなことを意識した名前のつけ方になっています。

ここでは改めて、「今は…」という言葉から、「その前」を聞いています。下の世代（子ども）への話題となりました。ジェノグラムも「夫婦から子ども」へと展開していくことになります。

命名の決定に関する問いかけをしています。
※命名に関する物語が始まったので、しばらくその話題に寄り添っています。

Ｃ：意識したというのは？

Ｈ：三男は1月3日の朝に生まれました。4日か5日だったと思いますが、妻方の親戚が集まった際、三男の名前が話題になりました。どういう名前にしようかという中で、それまで気が付いていなかったのですが、<u>なおと</u>、<u>ともや</u>というようにしりとりになっているなということを誰かが言い出しました。それでは、<u>や</u>で始まる名前にしたらというようなことになり、あれこれ考えたということです。

Ｃ：漢字には何か意味が込められていますか？

Ｈ：まずは、<u>や</u>で始まる名前ということで、<u>やまと</u>という柔らかい、ソフトなイメージを考えました。また、早樫の<u>樫</u>は硬くて、漢字を書く際には、けっこう面倒ですので、できるだけ単純というか、難しくない漢字を考えました。今でこそ、<u>やまと</u>は時々見かけますが、当時はそんなに多くはありませんでした。また、「大和」として「やまと」と呼ばれている人はいましたが、平和の<u>和</u>と<u>人</u>でやまとにしました。長男も人という漢字を使っているのと「和」という漢字にも意味を込めたつもりです。<u>かずひと</u>とは読まれても、<u>やまと</u>とは読まれないですね。

Ｃ：ご本人は気に入っていますか？

Ｈ：そう言われると、改めて聞いたことはありませんね。以前は、男きょうだいがそろっ

漢字に込められた思いも確認しています。

親の物語は話されたので、ご本人の受け止めにも関心を広げた質問を試みています。

て自己紹介する時には、「僕たちはしりとりになっています」というようなことを言うことがありましたので、まったく、いやではなかったかと思います。

C：末っ子の長女のお名前もしりとりですか？

H：のぞみです。希望の希と未来の未で、のぞみとしています。男三人に続いて、しりとりにはあえてしませんでした。夫婦で考えました。

C：少し話は変わりますが、現在のご家族それぞれの状況を教えてください。

H：長男は結婚して子どももいます。妻と長女、次女、三女、長男、次男の七人家族です。次男も結婚して子どもがいます。妻と長男、長女、次女です。三男は大学卒業後、就職して独立。末っ子も別に暮らしています。

このあたりで、思い切って、話題を変えています。

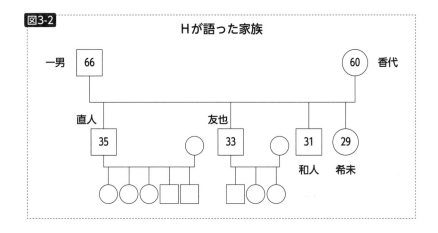

図3-2　Hが語った家族

予定の時間が来たので、ジェノグラムインタビューはストップとなりました。ちなみに、ここまでで完成したジェノグラムは図３−２のようなものです。

❷ 前半の振り返り

Ｃ：登場人物が多いので、どのように聴くか迷いました。下の世代（子ども）の話になりましたが、上の世代（親）に展開することもありえましたよね。

Ｈ：この後、夫婦のことを話題にするか、上の世代（親）に話を広げるか、それとも、下の世代（子ども）に話を広げるかは、担当者の意図や判断によって異なります。当然、面接展開も変わっていきます。また、名前や年齢など、事実の確認はセオリー通りですが、さらに踏み込んでもよいのではないかと思いました。例えば、「子どもは四人欲しかったのか」とか、「妻は大変ではなかったのか」とか、「末っ子に女の子が生まれてどのように思ったのか」とか、「子育てに協力してくれる人がいたのか」とか。

Ｃ：一歩突っ込んで尋ねるというのは、勇気がいることだと実感しました。

Ｈ：担当者の感覚や基準によって、次の問いかけの有無が決まったり、話の展開が制限されることになります。また、出てきた話題を深く掘り下げないことになる可能性もあります。

Ｃ：確かに、我が家も同じような側面があるので、なんとなくスルーしてしまったかもしれません。

Ｈ：登場人物が多い場合、どこまで、基本情報を尋ねるかという点が難しいかもしれませんが、今回でいえば、長男や次男の子どもに関する名前や年齢確認はしていません。次男は実は学生時代に結婚して

おり、妻方実家でしばらくはお世話になっていました。

【話し手の振り返り】

H：話し手の立場になって、改めて、我が家にもいろいろな物語があったということを実感する機会となりました。その物語をどこまで掘り下げたり、深めたりするかは聴き手次第によることも実感した次第です。また、家族の物語を上手に聴いてくれる人には、自然に話したくなるということを体験したジェノグラムインタビューでした。

❸ 後半の面接

　前半の面接と振り返りを受け、さらに後半の面接にチャレンジすることになりました。

【聴き手と話し手のやりとり】

C：お二人が結婚するまでに暮らしていた家族について、教えてください。

H：私は働いて独身寮にいましたが、その頃、実家には両親と妹二人、それに母方祖父母も一緒でした。

C：七人家族だったのですね。母方祖父母とはいつ頃から、一緒に住んでおられましたか？

H：私が小学校の６年になる前かと思います。それまでは、家族五人で暮らしていました。父の仕事の都合でそれまで住んでいた家から引っ越すことになり、その時から、一緒に住むようになりました。その後、もう一

【面接に関するコメント】

二人の出身家族に焦点を当てた質問を試みています。

※まずは、夫の原家族についての話題が展開します。

※家族の歴史の一端を確認しています。

※家族の名前を聞くタイミングは１つではありません。どのタイミングで聞くかについて、考えてみてください。

度引っ越しましたが、祖父母との同居は変わらず、結局、私が就職のため家を出るまで、15年ぐらいは一緒だったことになります。

C：ご自身の仕事のため家を出られたのが、ご家族にとっては大きな変化だったのですか？

H：そうかもしれません。私が働き始めて8か月後に父が亡くなっていますので、この1年間はとても大きな変化の年になりました。結婚する前でした。

C：お父さんはおいくつだったのですか？

H：52歳になる直前でした。母は父より4歳下なので、さらに若くして夫を亡くしたことになります。こうやって改めて考えるとずいぶん若かったんですね。

C：ご両親や祖父母のお名前を教えてもらってもよろしいですか？

「変化」というキーワードで家族の歴史をさらに確かめようとしています。

※家族にとっては大きな節目ですから、父親が亡くなった時の具体的な様子を尋ねるということもできるかもしれません。その前後には、いろいろな物語が展開した可能性があります。

※しかし、例えば「亡くなられた時の様子

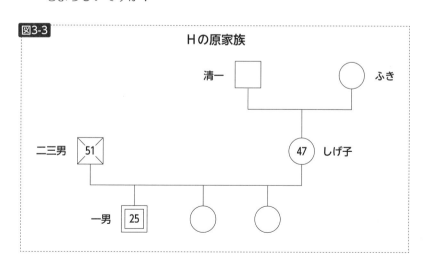

図3-3

Hの原家族

H：はい、父は二三男、母はしげ子、祖父は清一、祖母はふきです。

H：その後、妹たちは結婚して家を出ました。私たちが結婚後、祖父母は亡くなりました。

C：今、お母さんは？

H：88歳となりました。認知症を患い、特養でお世話になっています。

C：いつからですか？

H：3年ぐらい前からです。

C：それでは、奥さんの方について、簡単に教えてもらっていいですか？

H：結婚する前は、妻の母と母方祖母の三人暮らしでした。妻の父は妻が小学生の時に亡くなっていると聞いています。

C：ご自身が育った家族と奥さんのご家族との違いなどを感じられたことは？

は？」等といった問いかけは、思い切った問いかけですので、聴き手は躊躇しても不思議ではありません。

ジェノグラムを作成しながら話を進めていたので、まだ話題にしていない、妻の方の原家族も確認することにしました。

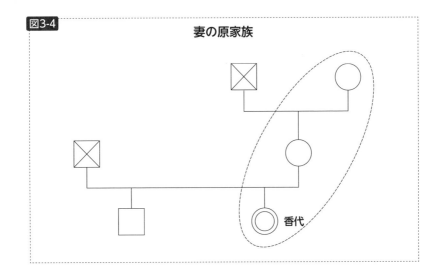

図3-4　　妻の原家族

香代

Ｈ：私は京都生まれの京都育ちですが、妻は小
　　学生の後半から京都で暮らしていますの
　　で、いろいろなところで違いを感じました。

二人の原家族のジェノ
グラムを作成し、「違
い」というキーワード
での問いかけとなりま
した。

　再び、面接予定の時間が来ましたので、インタビューはここまでとな
りました。

④ 後半の振り返り

Ｃ：現在のことやこれからのことを聴く時の方が問いかけもシンプルに
　　できるなあと感じました。これまでのこと（家族の歴史）を聞くこ
　　とについては、どこまで深く聴くかといったことに戸惑いが生まれ
　　ました。まずは、基本的な情報を気持ちよく話してもらうことに留
　　意しました。その結果、具体的なエピソードをしっかり聴けたかど
　　うかは心もとないです。

Ｈ：昔の話は突っ込んで聴いてくれてもかまわないと思いました。家族
　　の歴史とともにいくつもの物語があります。父親が亡くなったこと
　　を話題にしているので、その経過なども今なら話せることもありま
　　す。一方で、突然家族が亡くなったという場合や予想しなかった出
　　来事について、どのように話題にするのがよいのかなど、戸惑いが
　　あるというのも、話し手にも伝わってきました。特に、イレギュラー
　　なことをどのように尋ねるかについては、聴き手の方に戸惑いが生
　　まれるのだろうと思いました。

第2節　家族の歴史と物語を聴く

第1節での話（情報）を踏まえて、家族の物語に近づくことを意識した面接を展開することになりました。

【聴き手と話し手のやりとり】

C：先ほど母方の祖父母と同居されたのは、お父さんの仕事の都合による引っ越しがきっかけという話でしたが、それ以外のことで思い当たることはありますか？

H：母方祖父が女四人の長女である母に、早樫の名字を継ぐことを求めたことが伏線になっていたようです。

C：と言いますと？

H：明治生まれの母方祖父は、早樫の名字が途絶えること、誰も継がないことにずいぶん不満があったようです。気難しいというか

【面接に関するコメント】

「思い当たることはありますか？」という言葉で、家族の物語に近づこうとしています。

原家族の話題に入っていきました。

さらに、具体的に確かめています。

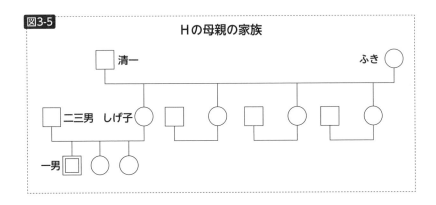

図3-5　Hの母親の家族

生真面目すぎるほど頑固な人でした。それで、ある時期長女である私の母に話がありました。

C：長女の役割でということですか？

H：そうだと思います。誰か、早樫の名字を継いでくれないかと……。例えば私の下の妹はどうかと……。しかし、家族の中で、一人だけ名字が違うのはかわいそうだろうということになって、家族みんなが早樫になりました。

C：どういうことですか？

さらに、突っ込んで話を聞こうとしています。

H：私の父は末っ子で、特に父方の名字を継がなくてもよいということで、名字の変更を承諾しました。結果的に全員早樫姓になりました。父親は戸籍上母方両親の養子になりました。母からすれば、一旦嫁に行ったのに、また早樫に戻ったという思いが生まれたようです。名字の変更と両親との同居について母親は複雑な思いを抱いたようでした。

C：名字の変更について、ご自身はどのように思われましたか？

話題を本人へとチェンジしました。

※妹の思いを確かめる問いかけも考えられます。

H：親が離婚したわけでもないし、家族の生活も変わったわけではないのに、名字だけ変わったということで、まったく意味がわかりませんでした。一方で、珍しいというか、変わった名字になったので、居心地の悪さがありました。

C：そのことで何か影響したことがあります
　　か？

H：この仕事について改めて思ったことがあり
　　ます。名字の変更については、自分自身の
　　経験があるので、人一倍こだわりというか
　　興味や関心があるのかと思っています。

C：お母さんの複雑な思いというのは？

H：母は自分の夫が養子になってくれて、しか
　　も、母方両親と同居することも承諾してく
　　れたのに、頑固な祖父と夫との間に挟まれ
　　てさんざん苦労したとよく言っていまし
　　た。父は元来お酒が好きな人でしたので、
　　酔いつぶれることも多く、そのことも火種
　　になっていたかもしれません。とにかく、
　　母は実の親と夫の間に挟まれて苦労したと
　　いう思いを強く持っていました。

C：そのことは何か影響がありましたか？

H：母としては実の親と配偶者の間に挟まれる
　　苦労はさせたくないということで、私たち
　　との同居は考えていないとよく言っていま
　　した。自分の経験を踏まえて、若い者は若
　　い者で……という感じでした。

C：それじゃ、お父さんが亡くなった後はどう
　　されていたのですか？

H：父が亡くなった時、母は50歳前でしたの
　　で、以前からやりたいと言っていた居酒屋
　　を始めました。祖父は夜の仕事ということ
　　で、心配のあまり反対したようです。しか

本人の物語が、どのよ
うにつながっているの
かの確認です。

話題を少し前に戻して
います。

母の物語がどのように
つながっているのかの
確認です。

し、母は気が強く、一旦言ったら聞かない
タイプでしたので、店を始めました。

C：きっと大変だったんでしょうね。もう1つ
だけ伺っていいですか？

H：はい。

C：先ほど、お父さんは末っ子と言われました
が、お父さんのことを教えてください。

H：父は脳内出血で亡くなっています。とても
お酒が好きで、私が覚えているのは、日曜
日は朝から一升瓶を横に置いている姿と
か、お酒のことを巡っての両親のトラブル
です。飲みたい父と飲ませないようにとい
う母の衝突でした。飲まなかったら、子煩
悩な父でしたが、子どもとの関わり方はわ
からなかったかもしれません。

C：というのは……。

H：父は酔っぱらったら「おかあちゃん」とい
うのが口癖でした。父の父は、父が幼児期
に亡くなり、その後、父の母はどこかへ
行ったようです。今で言えば蒸発でしょう。
父は姉に育てられました。このあたりの話
は父が亡くなってから私の母に聞いたこと
ですが……。子ども心に「おかあちゃん」
というのは私たちの母のことだと思ってい
たのですが、そうではなく、父自身の母を
求める言葉だったのかもしれません。

C：お父さんの母親は？

H：私が生まれた後に姿を現したようです。そ

母の原家族の話題か
ら、父の原家族への展
開をチャレンジしてい
ます。

さらに具体的な物語を
確かめています。

　079ページで紹介し
た「あいまいな喪失」
の提要者であるBoss
博士は、行方不明の表
記について□や○に斜
線を入れることを提唱
しています＊。

父の母親に関心が向い
ています。

して、末っ子なのに父が引き取ったようで
す。ちなみに「一男」は父方祖母がつけた
名前と聞いたことがありますが、祖母のこ
とは私の記憶にはまったくありません。

C：お父さんのきょうだいは？

H：自分自身の家族に興味を持った時期に、父
の原戸籍をとったことがあります。ルーツ
をたどるというか。そこでわかったことは、
父の両親は未入籍だったこと、戸籍上父に
は四人きょうだいがいたことなどでした。

C：ありがとうございます。ここまでが時間と
なりますが、最後に何かあればおっしゃっ
てください。

末っ子という言葉から
きょうだいへと話題を
シフトしました。

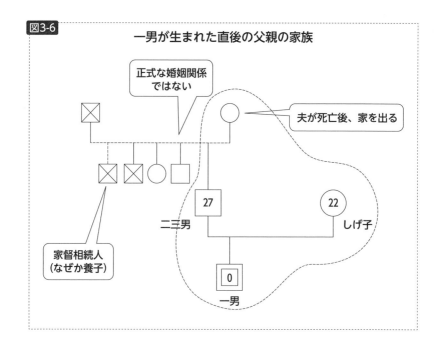

図3-6 　　　　一男が生まれた直後の父親の家族

正式な婚姻関係
ではない

夫が死亡後、家を出る

家督相続人
（なぜか養子）

27
二三男

22
しげ子

0
一男

H：母は父方のきょうだいにも複雑な思いを
　持っていました。末っ子なのに、なぜ、夫
　が母を引き取らないといけないのか……。
　引き取った当時、父の母親は肺結核でした。
　母は義母の介護と幼児の子育てに苦労して
　いたようです。

C：時間になりました。ありがとうございまし
　た。

H：話を聴いていただくというか、引き出して
　いただいて、思い出すことや気が付くこと
　がたくさんありました。ありがとうござい
　ました。

＊：黒川雅代子他編著『あ
　いまいな喪失と家族の
　レジリエンス──災害
　支援の新しいアプロー
　チ』誠信書房、2019年

❶ ジェノグラムインタビューの目的

　2節にわたってジェノグラム面接の実際の一コマを紹介しました。

　第1節は、家族に関する基本的な情報の把握です。ジェノグラム面接
は、相手の言葉に添いながら、ジェノグラムを作成していく作業であり、
面接です。

　ワークショップの場において、実習をすると、話し手の言葉をどのよ
うに広げたり、深めていくかということについて、瞬時に判断しながら
面接を進めているということがより明らかになります。また、他者の面
接から学ぶ機会にもなります。

　読者の方は聴き手と話し手のやりとりを読むだけではなく、自分なら、
どのタイミングで、どのように問いかけるかや相手の言葉を深めていく
かということについて、具体的なセリフ（言葉）として考える機会とし
ていただくのも、この章の目的です。

さらに、第2節では、家族の歴史（節目）に焦点を当てて、深めることを意識しました。家族は同じ出来事を共有しているようで、思いは異なっているというのがむしろ普通かもしれません。家族には、子ども、両親、祖父母、それぞれの物語があるとともに、家族としての物語も展開しています。家族の今を理解する上でも、家族の物語に近づく問いかけの工夫にも磨きをかけたいものです。

❷ ジェノグラムインタビューの目指すところ

　相談面接場面においてジェノグラムを活用することについては、次のような目的があります。

　まずは、正確な情報収集と忘却防止、さらには可視化による聞き漏らし防止です。この点は家族の歴史をたどろうとするプロセスです。

　具体的には、聴くべきことをしっかりと聴くこと。そのためには、聴きそびれたり、タイミングを外さないことが大切となります。また、固有名詞や関係はジェノグラムにメモするようにしましょう。

　次に、深めるポイントの発見です。これは、家族の物語を丁寧にたどろうとするプロセスです。

　相手に関心を持って具体的に質問することが大切になります。「いつ？」「どこで？」「誰が？」「他の人はどう？」といった問いかけが基本になります。丁寧に聴き込めば、相手の語る物語を忘れることはないでしょう。

　以上のことは、相談者と相談担当者との共同（協働・共有）作業です。最終的に目指すところは、「担当者はよく聴いてくれた」と感じてもらえる面接にすることです。それが信頼関係の形成の第一歩となるのです。

おわりに

　『対人援助職のためのジェノグラム入門』の続編として発刊することになった本書は、相談面接の場面でジェノグラムを活用してもらいたいという願いを具体化したものです。

　長年、福祉の分野で仕事をしてきた私たち三人は、児童・障がい・高齢など、どの分野においてもジェノグラムにお世話になってきました。

　三人に共通するのは、ジェノグラムというツールに出会ってから、家族をよりクリアに理解できるようになり、面接、事例検討、記録などの業務が深まったということです。特に、ジェノグラムを使って面接すると、その人の人生や暮らしに寄り添うことが可能になり、ソーシャルワークが大切にしている自己決定やエンパワメントを実現することに本当に役立つと実感しています。

　また、対人援助の仕事は専門性がわかりにくく、必要な技術も見えにくいので、有効なツールとしてジェノグラムを一人でも多くの方に広めたいという思いも三人には共通しています。それぞれの立場や役割を通して、これまで、家族システムに関する勉強会や研修会を実施しており、仲間もたくさん増えました。

　この本を手に取り、目を通していただいたさまざまな支援の現場におられる読者の方々には、今回紹介した実践例をヒントに、明日からの仕事に取り入れてくだされば、望外の喜びです。

　『対人援助職のための家族理解入門』（中央法規出版）の著者である団士郎さんとのつながりの中で、三人の親交も深まることになりました。改めて、団士郎さんに感謝申し上げます。また、前著に引き続き編集を担当してくださった中央法規出版の寺田真理子さんとジェノグラムを介してお会いしたみなさんにも深く感謝申し上げます。

早樫一男・千葉晃央・寺本紀子

🍃 編著者紹介・執筆分担

早樫　一男　はやかし・かずお
第 1 章、第 2 章第 1 節・第 2 節・第 3 節事例Ⅰ、Ⅱ、Ⅲ・第 4 節事例Ⅴ、第 3 章

追手門学院大学文学部心理学科卒業。京都府福知山児童相談所心理判定員から
スタートし、児童相談所、知的障害者更生相談所、身体障害者更生相談所、児
童自立支援施設など、児童を中心とした福祉現場に勤務。1985 年より 2 年間、
京都国際社会福祉センターで G. D. シメオン氏より、家族療法を学ぶ。2011 年
3 月末の定年退職後は同志社大学心理学部教授として教育に携わる。2014 年 4
月より、児童養護施設・乳児院「京都大和の家」（盛和福祉会）統括施設長。

🍃 著者紹介・執筆分担

千葉　晃央　ちば・あきお
第 2 章第 3 節事例Ⅳ、Ⅴ、第 3 章

立命館大学大学院応用人間科学研究科修士課程修了。障がい者福祉領域の就労
支援、相談業務の事業所等で 24 年間勤務。同時に社会福祉士養成、行政ケース
ワーカー養成等にも従事。1999 年から京都国際社会福祉センターで家族療法を
学び、家族面接を担当。「家族をテーマにした事例検討会」を 2001 年から始め、
毎月継続開催し 200 回を超える。2020 年「家族支援と対人援助ちばっち」主宰。
各地の家族に関する研修等も担当。児童福祉領域で里親支援業務を経て、2020
年より立命館大学客員協力研究員。2021 年より、京都光華女子大学健康科学部
医療福祉学科社会福祉専攻において大学教員。

寺本　紀子　てらもと・のりこ
第 2 章第 3 節事例Ⅵ、第 4 節事例Ⅰ、Ⅱ、Ⅲ、Ⅳ、Ⅵ

同志社大学文学部社会学科卒業。社会福祉士。保育士、家庭児童相談室相談員、
老人保健施設相談支援員、ジョブコーチ、精神障害者生活支援センター相談員、
地域包括支援センター社会福祉士を経て 2016 年、寺本社会福祉士事務所を開
設。子ども子育て世代、障がい、高齢、女性などの分野をまたがり包括支援実
践者の支援を行っている。また、成年後見人等の活動や地域づくりコーディネー
ター、障がい者福祉事業所の理事、いしかわ家族面接の会事務局、若年性認知
症のオレンジカフェの運営ボランティアなどの活動を行っている。

ジェノグラムを活用した相談面接入門
──家族の歴史と物語を対話で紡ぐ

2021年7月15日　発行

編著者　早樫一男
著　者　千葉晃央・寺本紀子
発行者　荘村明彦
発行所　中央法規出版株式会社
　　　　〒110-0016　東京都台東区台東3-29-1　中央法規ビル
　　　　営業　　　　：TEL 03-3834-5817　FAX 03-3837-8037
　　　　取次・書店担当：TEL 03-3834-5815　FAX 03-3837-8035
　　　　https://www.chuohoki.co.jp/

装　丁　木内美野里

印刷・製本　西濃印刷株式会社